Sergio Montoya Chica

Más ideas útiles para *Estar Mejor*

Creating Links & Advanced Services

Más ideas útiles para *Estar Mejor*
1ª **Edición, Madrid, 2010**
Copyright© de Sergio Montoya Chica
Editado por Creating Links & Advanced Services
CLASE S.L.

Reservados todos los derechos. Quedan rigurosamente prohibidas, sin la autorización escrita del autor, bajo las sanciones establecidazas por las leyes, la reproducción total o parcial de esta obra por cualquier medio o procedimiento, comprendidos la reprografía y el tratamiento informático.

ISBN **978-84-614-2713-0**

Más ideas útiles para estar mejor

*A mi esposa Clara
de nuevo, impulsora y alma de esta obra
y a nuestro hijo Pablo
que ha llegado en el 2008 a
iluminarnos de nuevo la vida
como lo siguen haciendo
Hestevan y Marianna
a quienes también dedico este libro*

Más ideas útiles para estar mejor

CONTENIDO

Presentación

12. Hágase un pequeño regalo cada cierto tiempo.
13. RE-RE-RE: Recíclese, renuévese, reinvéntese
14. Comuníquese mejor que no es tan difícil.
15. Alimente y estimule su creatividad
16. Ejercite su capacidad de participación y solidaridad
17. Menos criticar y más aportar. Asuma la responsabilidad de sus actos, decisiones y emociones.
18. Aprenda a desconectar
19. Vuelva a contactar con la naturaleza
20. Entérese de lo que pasa en el mundo sin identificarse.
21. Aprenda a filtrar las influencias negativas
22. Descubra las reglas del dinero
23. Aprenda a vivir lo básico
23.1. Aprenda a respirar
23.2. Aprenda a dormir
23.3. Aprenda a comer.

Referencias

Recomendaciones finales

Más ideas útiles para estar mejor

Presentación

Este libro es una continuación de otra obra llamada *"11 ideas útiles para estar mejor"*, y por ello no es un error tipográfico que el índice empiece en la idea No.12. Hace parte de la colección *"Ideas Útiles para Estar Mejor"* que incluye:

- *Ideas útiles para estar mejor con los hijos*
- *Ideas útiles para estar mejor con la pareja*
- *Ideas útiles en acción: Cómo llevar a la práctica las ideas útiles.*

Como existen tantas y tan buenas ideas útiles, seguiremos trabajando y recolectando ideas que nos permitan darle un nuevo impulso a nuestras vidas, pensando siempre en el bien común y en el crecimiento personal.

Debo reconocer que este libro como lo dije en "11 ideas..." nació gracias al empuje y sugerencia de Clara, mi mujer, que me animó reiteradamente a que escribiera en un lenguaje sencillo y asequible a todos los públicos algunas de las ideas que expresaba en diversos espacios como charlas, talleres, en otros libros y en mi vida misma. Así que aquí estoy haciendo esta serie de ideas útiles. También debo reconocer que este segundo ha salido de contrastar aún más las ideas anteriores, de atender las sugerencias de lectores y amigos y de estar receptivo al cambio de los tiempos.

Durante este periodo entre "11 ideas..." y éste "Más ideas útiles para estar mejor" ha nacido mi tercer hijo Pablo, que me ha permitido volver a confrontar y reciclar algunas de mis conceptos y experiencias sobre la vida, la paternidad y la vida de pareja.

Como en "11 ideas..." este libro pretende ser sencillo y explícito. Nada de conceptos vagos y academicistas que puedan sonar muy interesantes pero que al final sólo un@s poc@s pueden entender. Y aunque me gusta proponer y exponer conceptos bastante vagos, complejos y cuestionables en un lenguaje mucho más espeso, lo he dejado para otros libros, con otras inspiraciones y motivaciones diferentes.

Algunas de estas "nuevas" ideas útiles son complementarias, como no podía ser de otra manera, a las de "11 ideas..." y por tanto ambos libros pueden ser leídos como un todo, pero, por supuesto, éste puede ser leído y evaluado como una obra independiente en sí misma.

Esa apuesta por la sencillez puede implicar el riesgo de que se evalúe las ideas como de poco valor o demasiado elementales. Pagaré el precio de la crítica (porque entre otras cosas nunca estamos exentos de ella) por seguir apostando en esta colección por un lenguaje práctico, directo y descomplicado con el ánimo de llegar al mayor número de personas posibles.

Es un libro para todos, los que apenas están empezando el camino de auto-evaluarse y los que ya llevan un largo recorrido en el sendero del conocimiento y el cambio personal.

Si Usted es una de las personas del primer grupo, abra su mente y sobretodo lleve a la práctica estas ideas, seguramente podrá reconocer la grandeza en la sencillez de las mismas. No necesitamos muchas ideas para estar mejor; es posible que con sólo una a Usted se le ilumine la vida y sea suficiente para que le inspire a hacer cambios importantes. Lo que sucede es que la idea que me puede ayudar a mí no es la misma para otros, y esto es ya una idea muy útil, pensar que cada persona recogerá de este libro lo que le sirva y desechará(o no utilizará) lo que no.

Si quien lee esto es una persona del segundo grupo, encontrará en estas ideas un complemento ideal para seguir en el camino del mejoramiento.

Esta es la idea útil No. 1 del primer libro: *Deseche las ideas que no le son útiles, no las guarde, no les invierta energía, no las discuta, no permita que ideas que no se ajustan a su realidad le quiten el tiempo y la disposición que podría utilizar aplicando las que sí le sirven.* [1]

Bien... vamos al tajo[2]...

¿Cree Usted que es posible ser feliz?

¿Cree que esa felicidad es posible gracias a su esfuerzo o a su mérito?

¿Cree que hay personas más felices que Usted?

---

[1] Esta idea ya fue expuesta en el libro "11 ideas útiles para estar mejor", cuando sugerimos ya desde le comienzo que debíamos buscar ideas útiles en vez de ideas verdaderas.

[2] Tajo, según la Real Academia de la Lengua Española (RAE) significa sitio hasta donde llega la cuadrilla a faenar, lugar donde se trabajo o tarea.

¿Cree que las personas que son más felices que Usted, se debe ha que han tenido más suerte, más oportunidades o han nacido bendecidos?

A lo mejor la palabra felicidad es demasiado grande. Puede resultar confusa, enredada, opaca para muchas personas. Dicen que nunca es posible ser feliz, o que la "felicidad completa" no existe. Yo también digo que el término felicidad es demasiado confuso y por ello no es útil perseguirlo porque al ser tan vago y poco definible, terminamos persiguiendo una quimera[3] que sólo nos desgastará, nos puede volver obsesivos y justamente nos lleve paradójicamente a ser muy infelices.

Como este no es el libro para hacer este debate a lo mejor sería más preciso hablar de bienestar, que si lo leemos al revés significa exactamente eso: "Estar Bien".

En los países desarrollados, como por ejemplo los que hacen parte de la Unión Europea, se habla del estado del Bienestar para hablar de los gobiernos que garantizan las libertades individuales reconociendo y satisfaciendo todas las necesidades básicas (biológicas, psicológicas y sociales) de sus ciudadanos, a través de políticas sociales que incluyan a las mayorías y a las minorías, es decir, a todos.

Cuando se habla de bienestar humano, se puede hacer desde diversas opiniones pero sobre todo se recalca la idea de la posibilidad de alcanzar un estado de ausencia de molestias de cualquier índole y además sentir que "todo está bien".

---

[3] Quimera según la RAE: "Aquello que se propone a la imaginación como posible o verdadero, no siéndolo".

Como podemos deducir, el bienestar parece una meta más probable de alcanzar que la felicidad, pero aún así, nos sigue pareciendo un asunto demasiado abstracto.

Hemos sugerido que una idea más factible es "estar mejor". Propongo que podríamos hablar del estado del "mejorestar" como una nueva perspectiva de políticas públicas. Con esta sugerencia podríamos hacer otro libro.

"Estar mejor" para mí tiene varias ventajas: La primera es que de entrada sugiere un proceso de constante cambio. La segunda es que no importa el estado en el que nos hallemos; si buscamos las herramientas adecuadas siempre podremos estar mejor. No implica que tengamos que llegar a un supuesto estado de satisfacción total, sino que reconoce los pequeños y determinantes cambios que podemos hacer a nuestro favor valorándolos en su justa medida, sin la losa pesada de "tampoco aquí he encontrado mi felicidad". La Tercera es que estar mejor no indica que tengamos que llegar a ninguna etapa predeterminada, ni seguir un plan hecho por otros, sino que remite a un plan personal de mejoramiento, que puede ser ajustado de acuerdo a nuestras necesidades o a nuestra realidad.

La otra posible discusión es entre "Estar" y "Ser". Y aunque no niego que puede ser una discusión interesante, para los objetivos de este libro, es casi irrelevante porque en muchos contextos y en el lenguaje popular en muchos momentos son sinónimos. [4]

---

[4] Sé que éste aspecto puede también ser chocante para muchos psicólogos humanistas y existencialistas, que proponen que el camino del crecimiento personal pasa por el SER, una realidad ontológica que se conecta con nuestra

Así que aunque proponer "Ser Mejor" a "Estar Mejor" podría generarnos algunas ideas útiles en contextos más filosóficos, justamente la idea útil principal que hay detrás de estos libros es que, aunque puede ser muy difícil hacer cambios sustanciales en nuestra vida para "Ser mejores" o alcanzar la felicidad, es posible, y de hecho puede ser muy sencillo, *"Estar Mejor"*.[5]

Por lo demás encontrarán en el libro "Más" ideas para que en ese estado personal en que se encuentren, puedan hacer los ajustes que sean del caso y sentir que sus vidas están en sus manos y que si bien no todo nuestro bienestar depende de nosotr@s, una gran mayoría del "estar mejor" sí que lo está.[6]

Este libro puede salvar su vida, puede salvar sus relaciones con los demás y puede mejorar su actitud hacia el mundo. Me gusta pensar que "todo es posible" o como dice un popular slogan de una reconocida marca de accesorios deportivos *"impossible is nothing"*, Esto significa que me gusta tener en cuenta no solo la regla sino también las excepciones. Me gusta considerar las opiniones en un sentido, pero también me gusta valorar las opiniones que pueden ir en sentido contrario, precisamente porque la vida me ha demostrado que todo es posible. Esto puede quitarle potencia a las ideas centrales, pero he preferido ser fiel a mi manera de ver las cosas, porque en parte de eso se trata este libro: somos productores constantes de ideas útiles para nuestro "mejorestar" y por esto mismo reconozco que ésta

---

verdadera esencia como seres vivos, con los que me identifico en muchos aspectos.

[5] De nuevo... invitación para que lean las definiciones de "mejor" para la RAE.

[6] Como preámbulo al comienzo de las ideas, quiero comentar que gran parte de este libro lo escribí desde mi teléfono móvil. Me parece otra idea útil que podamos utilizar la tecnología a nuestro servicio y no al revés.

no es una obra de superación personal o de autoayuda tradicional, donde las ideas se venden cómo lo mejor, lo más grande, lo único y lo más maravilloso que se puede hacer para alcanzar la felicidad. Por el contrario encontrará decenas de comentarios donde reconocemos que si por un lado la idea que proponemos es útil en determinadas circunstancias, existen otras formas de hacer, incluso contrarias que pueden alcanzar el mismo resultado. Espero que esto no le reste fuerza al mensaje y Usted no se engañe valorando poco nuestras sugerencias sólo por el hecho de que la idea no está presentada como la panacea a todos sus problemas. Creemos en este libro, creemos en estas ideas, creemos que éstas podrán ayudarle a hacer importantes cambios en sus vidas, pero sobretodo creemos en las posibilidades creativas y recursivas del ser humano y presentar las ideas sin la potencia acostumbrada en los libros de autoayuda puede servir para que las personas construyan su propio camino hacia el mejoramiento.

Como en la obra anterior, este libro puede ser leído fácilmente, en un corto periodo de tiempo; no es una manual paso a paso, por lo que no hay que leerlo en orden y tampoco hay que acabarlo de corrido. Quiero contribuir al "mejorestar" de las personas y creo firmemente que en estas líneas hay unas ideas, que puede que no sean verdaderas para todos, pero sí útiles si se reflexionan y se llevan a la práctica.

Durante un buen tiempo discutí conmigo mismo si el lenguaje que debía utilizar para dirigirme al lector debería ser en clave de tú o de usted. Aún cuando en España es mucho más común el tú, y el usted ha sido relegado a relaciones muy formales, he preferido este lenguaje porque en Latinoamérica es mucho más usado y común que el "tuteo".[7]

Un último aspecto a tener en cuenta es el llamado que desde diferentes sectores que divulgan la igualdad entre hombres y mujeres hacen para que los libros y todo lo que se escriba incluya el enfoque de género, o sea que no escribamos en masculino, como suele hacerse, sino dirigiéndonos a los dos sexos. Por ello vamos a utilizar el signo arroba (@) como una manera de incluir a todos los sexos en nuestras sugerencias.[8]

Bienvenidos, gracias por leernos y a *"estar mejor"*.

---

[7] Desde luego es un uso cultural de ambas formas. Para poder usar el tú en las culturas latinoamericanas, hay que pasar por un proceso de tratar de Usted mientras el conocimiento mutuo se va desarrollando hasta que las personas se hacen cercanas y se tratan de tú. En España, las personas que recién se conocen solicitan a los pocos minutos que sean tratadas de tú. Sin embargo, este conocimiento mutuo al parecer no se aplica con las personas que a pesar de ser familia se tratan de Usted. Es común que en muchos lugares los padres e hijos(as) se traten de Usted. De hecho, este uso no significa que las personas estén distantes, sino que el "tú" sencillamente no se usa.

[8] Espero que sepan disculparnos porque a pesar de las revisiones que hemos hecho, es posible que algún error en este sentido cometamos aún. Para las personas que no están acostumbrados a leer las palabras de esta forma se les puede hacer un poco pesado, pero creo que es un precio bajo para una iniciativa útil.

Más ideas útiles para estar mejor

Hágase un pequeño regalo cada cierto tiempo

Más ideas útiles para estar mejor

12. Hágase un pequeño regalo cada cierto tiempo

> Sólo si me siento valioso por ser como soy,
> puedo aceptarme, puedo ser auténtico,
> puedo ser verdadero.
> Jorge Bucay.

Quererse a sí mism@ es una idea útil. La base de nuestras relaciones personales y de cómo éstas se desarrollan depende en gran medida del nivel de autoestima que tengamos hacia nosotr@s mism@s. Los especialistas en esta materia lo dicen: si no nos queremos a nosotr@s mism@s, no podremos querer a otras personas. Pero...

¿Qué hay detrás de estas afirmaciones?

¿Cuál es el alcance de las mismas?

Yo creo, como acabo de decir, que una idea útil es mejorar nuestra autoestima, pero para muchas personas este concepto aún está bastante lejos de ser considerado y en algunas culturas ni siquiera se entiende.

Lo que significa es muy simple: AUTO (un@ mism@) y ESTIMA (Querer, Amar).

Así que autoestima viene a significar algo así como quererse o amarse a un@ mism@.[9]

---

[9] No haremos en este libro la discusión sobre si quererse y amarse significan lo mismo, pero es sin duda un debate apasionante. Es importante aclarar que

Pero, quién es es@ "un@ mism@". Y ahí está parte de la complejidad. No sabemos muchas veces quienes somos porque ese proceso de conocimiento personal muchas personas ni siquiera se han planteado hacerlo y nunca será un conocimiento definitivo.

Precisamente, dos de las características más notorias del ser humano es la complejidad y la evolución constante, así que conocerse a un@ mism@ es un proceso de nunca acabar, una especie de viaje en tren con estaciones ilimitadas y con tantos niveles de complejidad que es difícil sacar algo en claro. Puede recordar y reconocer algunas estaciones y alcanzar a fragmentar la complejidad en unidades más sencillas, pero el tren sigue su marcha y a la vuelta de la próxima montaña puede encontrarse con aspectos de su vida totalmente nuevos.

Así que ¿a quién queremos cuando nos dicen que es importante querernos a nosotr@s mism@s? La respuesta más práctica es "Amar a ese ser complejo y en constante evolución que somos". Eso no significa que renunciemos al "autoconocimiento", pero que si esperamos a conocernos para poder saber a quien amamos posiblemente nunca lo logremos. Esta idea nos lleva a otra muy importante dentro de la autoestima y es la aceptación de nosotr@s mism@s.

---

quererse a uno mismo, algunas personas lo confunden con egocentrismo, y nada más lejos de la idea de la autoestima. El egocentrismo es hacer que todo gire en torno a mí y a mis intereses, lo que puede demostrar un gran nivel de inseguridad personal por un lado y por el otro desarrollar papeles de tirano o de víctima, ambas facetas lejanas de lo que podríamos señalar como personas con un alto nivel de autoestima.

Así que ya vamos desgranando la mazorca: Quererse a un@ mism@ implica autoconocimiento y autoaceptación. Y aceptarnos a nosotr@s mism@s incluye a su vez reconocer toda nuestra complejidad: aceptar nuestro cuerpo, nuestra imagen, nuestras ideas, pensamientos y sentimientos, nuestras formas de relación social, nuestras tendencias espirituales, nuestra manera de estar y de ser en el mundo.

O, como dicen Montoya y Sol *"una persona orientada a vivirse con una mayor autoestima (cuando hay una aceptación de sí mismo) de alguna manera fluye más, se muestra tal cual es, no tiene que presentar una fachada. Entonces su sensación interna será de comodidad, pues puede permitirse fluir, caminar, moverse en el mundo sin buscar esconderse o sin mostrar su mejor 'perfil', sin importar lo que digan, piensen o hagan los demás".* [10]

Como esto se puede poner muy complicado y al final no saber de qué estamos hablando, vamos a simplificarlo un poco:

Primera idea útil de este libro: Hágase un pequeño regalo periódicamente.

Vamos a ver.
¿Qué significa que me hago un regalo a mi mism@?

Primero: que me reconozco como un ser que existo.

---

[10] Montoya, Miguel Ángel y Carmen Elena Sol. AUTOESTIMA. Estrategias para vivir mejor con técnicas de PNL y Desarrollo Humano. Editorial Pax México. 2001. Pág. 18.

Segundo: que invierto la tendencia de pensar en los demás para pensar en mí, por lo menos temporalmente.

Tercero: que me pongo en la misma condición y cualidad que las demás personas que reciben regalos.

Cuarto: Que pienso en mi *"mejorestar"*.

Quinto: Que utilizo mi libertad, mi inteligencia y mis recursos en procurarme placer a mi mism@.

Los regalos pueden ser variados y para decepción de la sociedad de consumo en muchas ocasiones pueden darse sin necesidad de usar el dinero.

Quien tenga dinero para hacerse regalos costosos que lo haga. Para quienes no tengan dinero esta recomendación puede ser aún más útil e importante, porque cuando hay precariedad, lo poquito que tenemos solemos dárselo a los demás y tenemos una vida muy sacrificada por los otros, pero pensamos poco en nosotr@s mism@s.

El placer que nos damos con los regalos a nosotr@s mism@s tampoco tienen que ver con el dinero o por lo menos no exclusivamente. Las personas con mucho dinero para gastar, en muchas ocasiones sienten poco placer con lo que consiguen y viceversa, las personas que tienen poco dinero pueden experimentar un gran placer con lo que compran. Es una especie de contradicción: Cuando no tengo problemas de dinero para acceder a lo que quiero, el placer es relativo y para muchas personas no alcanza ni siquiera a ser placer, es una forma de vida que se convierte en rutina y el placer momentáneo que produce se esfuma rápidamente. Entonces necesitan estar comprando cosas para sentir ese poquito de placer muchas veces y de manera permanente. Al final, este regalo a sí mism@s ya no es un premio a sus esfuerzos sino una conducta repetitiva, casi sin sentido, que antes que placer termina convirtiéndose en un serio problema. Por supuesto existen miles de personas que hacen un uso maravilloso del dinero tanto para procurarse placer a ellos mismos como a los demás.

Por todo esto y...

...para las personas que no piensan en sí mismas...

...para las personas que el 100% de su tiempo están pensando en servir y en atender a los demás...

...para las personas que prefieren su malestar con tal de que las personas de su alrededor estén bien o mejor...

...para las personas que se sienten menos que los demás y por tanto no merecedoras de los bienes y servicios que los otros tienen...

...para las personas que se sienten deprimidas porque sus vidas no van por el camino que han decidido y sienten que las demás personas y las circunstancias son quienes conducen su existencia...

...para las personas más gordas, más flacas, más altas, más bajas, menos inteligentes, menos tenidas en cuenta, menos reconocidas...

...para las personas que creen que el mundo estaría mejor sin ellas...

...¡Hágase un pequeño regalo cada cierto tiempo! Un regalo simbólico, pequeño, un regalo que signifique que usted no se ha olvidado de usted mism@.

La decisión de qué regalo, en qué momento y la periodicidad del mism@, se lo dejamos a Usted. Puede ir desde un helado, hasta un paseo por el parque, desde unos zapatos que quería hasta ir a visitar a una amiga que hace tiempo no veía.

Y le añadimos otro elemento, para que esta idea útil lo sea aún más: Hágalo sol@. Hacerlo de esta forma, implica que todo el preámbulo, el momento exacto en que se hace el regalo y el momento posterior cuando aún saborea el haberlo hecho, estarán impregnados de un halo de intimidad y satisfacción consigo mism@. Es como un momento cómplice. Igualmente podría ir acompañad@ de alguna persona, pero en ese caso, casi con absoluta seguridad, tendrá que dar explicaciones o se convertirá en un "salir de compras" rutinario.

Y si aún le quiere añadir un elemento más: no se lo diga a nadie. Que sea su pequeño secreto. Esto le imprimirá un sentido de mayor fuerza a su acto de tenerse en cuenta y regalarse algo cada cierto tiempo. No tiene que mantenerlo en secreto para siempre, pero sí durante algún tiempo, cuando ya sea demasiado tarde para que las personas con su opinión puedan descentrarle de su objetivo de quererse un poquito a sí mism@.

Ahora véase en la situación: Usted sale de su casa con rumbo a la heladería, no se lo comenta a nadie o dice alguna pequeña

Más ideas útiles para estar mejor

mentira porque no quiere que nadie sepa lo que va a hacer. Llega a la heladería, se da su tiempo para escoger el helado que más le gusta. Se sienta a disfrutarlo, se lo come despacio, lo saborea y disfruta hasta la última gota. Se vuelve a casa, con calma, alargando en su mente el disfrute de este momento, tan simple pero tan profundo. Llega a casa, le preguntan dónde estuvo y usted con una sonrisa algo maliciosa dice: en ninguna parte, sólo quería a ir a comprar algo pero no lo encontré. Y en ese instante, ese pequeño momento, ese pequeño regalo se ha convertido en un acto de respeto, de premio, de reconocimiento, de reverencia hacia sí mism@. Ahora puede dedicarse de nuevo a su servicio a los demás, si es lo que quiere o se espera de usted.

¿Simple, no? Pero es posible que su vida no vuelva a ser la misma, sólo por el hecho de que ahora usted se ha incluido entre los seres a los que les da su afecto, o como he dicho en alguna de mis charlas..."en el momento en que empezamos a querernos a nosotr@s mism@s empezamos a reconocer que somos parte de nuestra propia familia". Sí, esa familia de la que decimos que haríamos cualquier cosa por ella, pero que, ¡oh!, muchas personas no se incluyen como parte de la misma, sino que sólo saben estar al servicio de los demás. Y esto de estar al servicio de los demás es una idea útil, pero no puede implicar el que yo no me tenga en cuenta, porque al final, si no me cuido, no habrá nadie para seguir dando lo que doy.

Por extraño que pueda resultar, las personas se sacrifican por otr@s por motivos muy diferentes a querer que los demás estén bien. Algunas personas, principalmente mujeres, han aprendido desde muy pequeñas que su puesto en el mundo está en el servicio a su familia y a los hombres. Algunos hombres, que han sido parte de una educación muy estricta en el servicio a los demás, como por ejemplo los que han escogido la vida religiosa, y han hecho "carrera" desde pequeños, también han sido "adiestrados" en el servicio y el sacrificio. Tanto unas como otros, pueden no estar dando a los demás por los motivos más "adecuados". Para algun@s puede ser costumbre, para otr@s obligación, para algun@s más, incluso, puede ser una forma de juego psicológico donde asumen el papel de la protectora, o del salvador, del que siempre satisface a los demás, pero en el fondo puede ser sólo eso: una manera de satisfacer ciertas necesidades psicológicas de aceptación y reconocimiento. Si las fichas se saben mover, los sacrificados y los servidores pasan a la historia como grandes héroes y son reconocidos por su gran labor por la humanidad o por su familia. Y este reconocimiento es un premio psicológico bastante atractivo que para algunas personas se convierte en el principal motivador de su comportamiento y por ello juegan el papel del sacrificio.

¿Entonces no hay que sacrificarse por los demás y estar al servicio de los ellos? Por supuesto que sí. Pero que eso no implique olvidarnos de nosotr@s mism@s. En más útil entender que ese servicio por los demás es un acto de amor o de responsabilidad por el bien común y no un juego para ganar alabanzas. La gran ventaja de esta situación para las personas que sólo piensan en los demás y no en sí mismas (para cuidarse y quererse) es que necesitamos a los sacrificados y los serviciales por el motivo que sea. Así que siempre nos vendrán bien a corto plazo, aunque pueden ser perjudiciales a largo plazo. Una persona que se sacrifica por nosotr@s nos presta un gran servicio, pero a la larga nos puede dejar infantilizados y dependientes porque llegará un momento en que habremos perdido nuestra autonomía.

Pero, no metamos más teoría al asunto, el tema y la idea útil está bastante clara. Si quiere profundizar en esta temática, puede consultar Internet y muchos libros de autoestima que le pueden dar más conceptos para reflexionar.

Posiblemente sienta que Usted no tiene derecho a regalarse algo o que no se lo merece. Revise si esto es un pensamiento útil y si se da cuenta que no lo es, cámbielo.

Recuerde.

Décima segunda idea útil: *"Hágase un pequeño regalo a sí mism@ cada cierto tiempo".*

Más ideas útiles para estar mejor

Más ideas útiles para estar mejor

RE-RE-RE
(Recíclese, renuévese, reinvéntese)

Más ideas útiles para estar mejor

13. RE-RE-RE (Recíclese, renuévese, reinvéntese)

> El verdadero progreso consiste en renovarse.
> Alejandro Vinet (1797-1847)
> Literato y teólogo suizo

El símbolo internacional del reciclaje es éste:

Con sus variaciones y creatividades, es una serie de tres flechas curvas que se buscan a sí mismas y que significan que el ciclo no tiene fin. Es una idea maravillosa.

¿Es posible que los seres humanos nos reciclemos?

Esta claro que no hablamos de la utilización de nuestro cuerpo para hacer nuevos humanos como en una película de terror, aunque sí es cierto que bajo esta perspectiva la donación de órganos podría ser una buena forma de utilizar parte de nuestro organismo en seguir dándoles vida a otras personas. Esta también puede ser una idea útil, ya no para usted, sino para el resto de la humanidad: Conviértase en donante de órganos. Sé que algunas culturas y algunas religiones lo prohíben como una especie de violación de la integridad humana, pero hemos visto el bien que se puede hacer con un trasplante que no podemos dejar de recomendarlo.

Pero en este capítulo vamos un poco más allá. ¿Es posible que los seres humanos nos reciclemos en vida?

Para ello habría que admitir que el cambio es posible.

Escucho frecuentemente este debate entre sí es posible realmente cambiar o no. Aparece en las ciencias, aparece en los medios de comunicación y me temo que es una discusión improductiva. Porque si admitimos que es posible cambiar por lo menos un poquito, es que el cambio es posible. Si admitimos que lo único que podemos hacer es aceptarnos tal cual somos porque cambiarnos es prácticamente imposible, esta aceptación de sí mism@s es ya un cambio, porque justamente los especialistas en temas como la autoestima han descubierto que el primer paso para poder cambiar es aceptarse tal cual se es. Sería como una pequeña paradoja: el que dice que no puede cambiar y por tanto se acepta tal cual es, ya ha empezado un proceso de cambio; el que piensa que no se puede cambiar y no se acepta tal cual es, está viviendo en un constante malestar consigo mism@, lo que con casi total seguridad lo llevará a hacer un cambio en un determinado momento.

Como dice el estribillo: "¡Lo único constante es el cambio!".

¿Cree usted que las personas podemos cambiar?

Como no puedo saber vuestra respuesta, nos la jugaremos por el sí. Sí, es posible que las personas cambien. Desde el punto de vista físico es más que evidente que con maquillaje, operaciones, con accidentes o con el paso del tiempo, las personas pueden cambiar. De hecho ese cambio en muchas ocasiones no tiene nada que ver con nuestra voluntad, solamente ocurre y nos toca disfrutarlo, sufrirlo o adaptarnos paulatinamente a él.

Así que pasemos de los cambios físicos a los cambios en la forma de ser y en los comportamientos:

¿Es posible que una persona pueda cambiar interiormente y en sus comportamientos?

Nos inclinaremos de nuevo hacia la respuesta afirmativa.

Ya lo saben, soy psicólogo y he visto con mis propios ojos cambios espectaculares en personas que en un principio habían llegado a la consulta precisamente porque no sabían cómo hacer el cambio que necesitaban en sus vidas.

¡El poder del ser humano es extraordinario!

También es cierto, para alinearme un poco con las personas que piensan que el cambio no es posible, que hay determinados comportamientos y formas de ser que son más difíciles de cambiar que otros. Por ejemplo: si he crecido en una familia en que los gritos son habituales y al parecer es una forma "normal" de comunicarse entre sus miembros, las personas incorporen este tipo de comunicación en sus vidas de adultos y cuando se den cuenta que no es la mejor manera de relacionarse con los demás fuera de su familia, intenten cambiarlo y se den cuenta que está tan incorporado en su forma de ser y de hacer que les resulte muy difícil cambiarlo.

Pero... ¡una cosa es que sea difícil y otra que no se pueda!

Por otra parte, en lo que coincidimos la mayoría de las personas que estamos actualmente en este mundo es que las cosas, el mundo, la historia sí cambia.

Si no fuera así, estaríamos aún viviendo en las cavernas. Si el "espíritu", la forma de ser, las actitudes y formas de pensar de los seres humanos no hubiese cambiado, aún estaríamos pensando que la mujer es un ser inferior al hombre, en algunas culturas. Y es evidente que aún esto se vive en algunas comunidades, pero cada vez nos alejamos más de que esa sea una realidad generalizada.

Piense por un momento... ¿cómo viviríamos, cómo seríamos si "realmente" no hubieras cambiado a través de los tiempos?

Así que cuando sugerimos reciclarse, renovarse, reinventarse, creemos que es posible. Cuánto y a qué velocidad esto puede ser un problema de otra índole, pero está claro que si soy una persona que no creo que el cambio sea posible, éste será aún más difícil y lento.

Reciclarse, significa que puedo hacer nuevos ciclos indefinidamente. ¡Es una idea muy potente! Muchas cosas en nuestras vidas pasan por ciclos, en el trabajo, en la familia, con los amigos, con la pareja. Reciclarse nos permite ser más activos en no esperar a que los ciclos que vivimos se agoten sino que voluntariamente hacemos que empiecen de nuevo, con la confianza de que este nuevo ciclo no será el mismo y que nosotr@s hemos acumulado una experiencia importante en el anterior, utilizable a nuestro favor en el ciclo que empezamos.

Más ideas útiles para estar mejor

Renovarse, significa volver a hacer las cosas de nuevo, aunque a mi me gusta más pensar que el significado es volver a hacer las cosas nuevas; o sea volver a sentir la novedad de las cosas. De nuevo aquí la experiencia puede ser muy importante, pero que no se convierta en la excusa para quedarnos estáticos.

Estoy de acuerdo con Giorgio Nardone cuando cita al Buddha Sakyamani cuando hablando sobre las posibilidades de cambio de una persona dice: "...vosotros sois los artífices de vuestra condición pasada, presente y futura. La felicidad o el sufrimiento dependen de vuestra mente y de vuestras interpretaciones de la realidad".[11]

Algunas personas usan eso de la "experiencia" para decir cosas como "las cosas siempre se han hecho así", "si así ha funcionado durante 20 años, para qué cambiarlo", "tu no sabes de qué hablas, yo tengo más experiencia que tú" y barbaridades como estas.

Si la experiencia no se usa como un incentivador del cambio, del reciclaje y de la renovación, de poco puede servir. O si se usa como un arma arrojadiza, para "restregarle" a los demás lo buenos que somos porque tenemos mucha experiencia, ésta presta un flaco favor. Una idea útil es que la experiencia de vida de una persona sirva para estar al servicio de las nuevas generaciones y de las nuevas maneras de hacer las cosas. Una experiencia sin flexibilidad se convierte en una roca ya esculpida que ya no tiene espacio para más golpes del cincel y aunque pueda ser una obra de arte, con el paso del tiempo sólo servirá para admirarla, pero su utilidad será cada vez más escasa.

---

[11] Nardone, Giorgio. Psicosoluciones. Herder. 1998. Pág. 155

Reinventarse, significa que un@ se vuelve a inventar. ¡Esta es una idea espectacular! Ya la hemos expuesto en otro libro e implica muchas cosas. [12] Una de las cosas que implica es que reconocemos que nosotr@s somos el resultado de nosotr@s mism@s. Estamos acostumbrad@s a pensar que somos el resultado de las influencias de nuestros padres, profesores, personas adultas significativas, nuestros amigos y en general, de nuestro entorno. Lo que no decimos casi nunca es que esas influencias son filtradas por nuestra propia configuración como personas y eso hace que por más influencias que tengamos, el final de lo que somos o creemos ser es sólo responsabilidad nuestra.

Por ejemplo, alguien tiene un padre tirano y maltratador, pero utiliza esa mala experiencia para convertirse en un excelente padre con sus propios hijos; otra persona se convierte en un maltratador igual o peor que su padre.

La influencia está, el que influye está, pero el resultado es nuestra responsabilidad. Podríamos discutir si esto es así en los niños y niñas también, pero es una discusión tan importante que debe ser considerada en debates, foros, seminarios y libros específicos. Quedémonos con la idea de que el resultado final de lo que creemos ser es nuestra responsabilidad y por tanto de la forma como sentimos, pensamos y asimilamos las experiencias. O para resumir, somos los responsables últimos de si sufrimos o

---

[12] Es un libro un poco más especializado, hecho en un lenguaje para personas inquietas con el planteamiento de que esta realidad que vivimos sea una construcción de nosotr@s mism@s y no algo que descubrimos. El libro se llama "Jalipú de Alvupi –ATACA DE NUEVO-" y pueden adquirirlo a través de mi página web www.sergiomontoyachica.com. Giorgio Nardone en su libro "Psicosoluciones" también propone algo en este sentido.

Más ideas útiles para estar mejor

gozamos esta vida. Aunque es difícil reconocerlo, nosotr@s somos los inventores de nosotr@s mism@s. Es difícil asumir nuestra participación porque es lo que nos han enseñado, y lo que vemos diariamente es más fácil: decir que nuestro sufrimiento es culpa de los demás.

¡Asumir que somos nuestros propios inventores es asumir la responsabilidad de nuestra vida!

Así que si el resultado de hoy no le gusta: ¡*reinvéntese*!

Qué tipo de ser humano quiere ser, qué valores quiere enseñar y demostrar, qué actitudes quiere reorientar, qué aptitudes, habilidades, destrezas quiere desarrollar, qué tipo de mujer, de hombre, de ciudadano, de espos@ quiere ser. Colóquese objetivos sensatos, siga la idea útil del plan de pequeños pasos, porque una transformación, una reinvención, es posible.[13]

Aprenda cosas nuevas, estudie, permítase salir y conocer nuevas personas, nuevas teorías y nuevas formas de hacer las cosas; flexibilice su posición ante determinados temas, arriésguese en nuevas experiencias y aventuras, permita que las personas desconocidas se acerquen a usted y las conocidas que no suele escuchar ni valorar, escúchelas y valórelas.[14]

Sé que hay lugares, ciudades, países, donde estas posibilidades existen y otros donde es más complicado porque las oportunidades que el medio ofrece no son muchas. Para las

---

[13] "11 ideas útiles para estar mejor". En www.sergiomontoyachica.com
[14] En ocasiones el sólo cambio de "look" o de corte de pelo, puede hacer una diferencia.

personas que les quede más difícil porque los recursos que su ambiente ofrece son limitados ya sean económicamente o por un especie de falta de iniciativa social, es una buena oportunidad para "pinchar", "aguijonear", estimular su creatividad, para que esta reinvención sea posible "a pesar de...". Reinventarse "a pesar de la falta de medios", "a pesar de no tener muchos recursos", "a pesar de las personas que nos desaniman", "a pesar de las circunstancias adversas". Dígase a sí mismo: "A pesar de...me voy a reinventar!

Además, la idea útil de este capítulo no está sugiriendo que tod@s hagamos lo mismo: lo que puede significar una renovación para mí, puede no serlo para otra persona.

Por ejemplo, una persona campesina, que ha cultivado determinado producto en sus campos puede aprender nuevas técnicas de cultivo o diversificar sus productos. Este cambio puede significar un nuevo reto y una renovación en su forma de ver la vida, aunque en su región no haya grandes experiencias que vivir. Para las personas de ciudad, salir al campo y tener la experiencia de cultivarlo, puede ser suficiente para hacer cambios importantes en su vida o para tener una nueva manera de verla.

Recuerde: Tiene todas las capacidades necesarias para hacer los cambios que necesite en su vida.

Décima tercera idea útil: "¡*Recíclese!*, ¡*Renuévese!*, ¡*Reinvéntese!*"

¡Comuníquese mejor!...
que no es tan difícil

Más ideas útiles para estar mejor

14. ¡Comuníquese mejor!... que no es tan difícil

> Hay pocos animales más temibles
> que un hombre comunicativo
> que no tiene nada que comunicar.
>
> Charles Augustin Sainte-Beuve
> (1804-1869) Escritor y crítico literario francés

Parto de la base de que muchas personas consideran que comunicarse bien es muy difícil y es evidente que en la base de la mayoría de los problemas interpersonales, se encuentra un problema de comunicación.

En su libro "La Comunicación Humana", Jeremiah O'Sullivan-Ryan, dice que: *"...la comunicación sostiene y anima la vida. Motor y expresión de la actividad social y de la civilización, ha llevado a los hombres y a los pueblos desde el instinto hasta la inspiración, a través de una serie de procesos y sistemas de información, impulsos y control. Fuente común de la cual se toman las ideas, fortalece el sentimiento de pertenencia a una misma comunidad mediante el intercambio de mensajes. Traduce el pensamiento en acto y refleja todas las emociones y todas las necesidades, desde los gestos más simples que permiten la continuidad de la vida hasta las manifestaciones supremas de la creación...o de la destrucción."*[15]

---

[15] O'Sullivan-Ryan, Jeremiah. La Comunicación Humana: Grandes temas contemporáneos de la comunicación. Universidad Católica Andrés Bello. 1996. Pág. 15

La comunicación humana es otro típico caso de que hacer algo no significa que sepamos hacerlo. El hecho de que nos comuniquemos no significa lo hagamos bien. Aunque comunicarnos adecuadamente no nos soluciona todos los problemas con las demás personas, hacerlo mal si está en la base de los mismos, cuando no es el problema en si mismo. Empiezo del hecho de que es imposible no comunicar (grupo de Bateson y palo alto). El hecho de existir, de ocupar un espacio en este universo es una comunicación. Esto descarta la idea de que sólo hay comunicación cuando hay intencionalidad de hacerlo.[16]

Los diferentes componentes de la comunicación humana, verbales y no verbales, están permanentemente en juego sólo por el hecho de entrar en contacto con otra persona. Existen muchos y muy variados problemas de comunicación, así que aquí sólo mencionaremos algunos a manera de ejemplo para que podamos ilustrar nuestra idea útil de que comunicarse bien no es tan difícil.

Uno de los problemas más comunes entre las personas tiene que ver con la cantidad. Las personas se quejan del otro, o de si mism@s porque hablan demasiado o porque hablan muy poco. Tanto una cosa como la otra pueden ser factores de constantes problemas. Pero el problema de la cantidad, no puede ir ajeno al problema de la calidad. Puedo hablar poco pero ser claro, preciso y profundo, pero también confuso, impreciso y superficial. De igual forma la persona que habla demasiado, casi con seguridad incurrirá en una comunicación poco clara, aunque

---

[16] Pueden leer una descripción detallada del hecho de que es imposible no comunicar en "Teoría de la Comunicación Humana" de Paul Watzlawick y otros de la editorial Herder.

también es posible que los temas a expresar sean tantos que se requiera una comunicación larga. Aunque los temas sean muy importantes y requieran su debida atención, es preferible recortar las comunicaciones a un tamaño que para nuestro interlocutor sea cómodo y comprensible.

Otro de los problemas en comunicación tiene que ver con la responsabilidad final del entendimiento.

¿Quién es el responsable de que un mensaje llegue a la otra parte en los términos en que podamos decir que nos hemos comunicado bien?

La lógica de la pregunta sugeriría que es de quien emite el mensaje, pero en la práctica, las personas no cuidan mucho su comunicación y aun así responsabilizan a quien recibe el mensaje de ser él o ella el responsable de haber entendido o no. Si hace un poco de memoria seguramente escuchara en su cabeza las veces en que le han preguntado si entendió algo que le han dicho. No parece haber nada de malo en esta pregunta, pero muestra en quien se quiere que caiga la responsabilidad del mensaje que se emite. Un buen detalle de mejoramiento de la comunicación es cambiar la pregunta "¿me entendió?" (Que en muchas ocasiones es una muletilla) por la pregunta "¿me he hecho entender?" O "¿he sido claro?" O cualquier variación que muestre que quien envía el mensaje se ha hecho responsable del resultado de dicha comunicación.[17]

---

[17] Pos supuesto debemos hacer un reconocimiento a la comunicación no verbal, que es mucho más rica que la verbal, ya que muchas veces se logra lo que se quiere decir sin necesidad de utilizar las palabras. La comunicación verbal de todas formas es una herramienta básica para verificar que se ha entendido correctamente el mensaje.

Así que, ¿de quién es pues la responsabilidad de la comunicación? La respuesta puede ser sorpresiva: la responsabilidad es de todos los que intervienen en el acto comunicativo. Quien emite tiene la responsabilidad de cuidar el mensaje, la forma y el momento de la comunicación, pero también quienes escuchan tienen la responsabilidad de prestar atención, escuchar activamente, hacer las preguntas y aclaraciones del caso hasta que el mensaje sea adecuadamente entendido.

Una balanceada mezcla entre calidad y cantidad en la comunicación, unido a asumir la debida responsabilidad en el resultado de la misma ya seamos emisores o receptores, pueden ser dos buenos puntos de partida para mejorar nuestra comunicación.

Otro punto general es entender que la buena comunicación no sólo depende de buenas técnicas, sino también de la realidad particular que formo con la otra persona.

Es posible que las técnicas o actitudes que uso con mi pareja y que me hacen que tenga una buena comunicación, no me sirvan para utilizarlas con mi hijo adolescente, y también es posible que las que use con mi hijo de 15 años no sirvan con mi hija de 13. Cada acto comunicativo es nuevo y específico de quienes participan y del momento en que lo hacen, porque también es posible que las mismas técnicas que uso con mi mujer hoy se muestren insuficientes mañana. Las personas que logren en un momento determinado una buena comunicación con su pareja y crean que por ello ya son buenos comunicadores, rápidamente se darán cuenta que se equivocan.

De forma que si tiene en cuenta la cantidad, la manera, el momento en que se comunica y la persona en particular con la que está hablando, se dará cuenta que hacerlo bien no es tan difícil.

Por ejemplo, si Usted está molesto con su pareja es más probable que tenga una oportunidad de mejorar las cosas si:

- En vez de dar largas explicaciones, sintetice y aclare qué le ha hecho estar molesto, exprese qué piensa y que siente. Luego indague cómo hace sentir a la otra persona lo que usted le está expresando.(Cantidad y calidad)
- Haga esto sin hacer un "show": gritar, patalear, tirar cosas. Si es necesario tómese un tiempo para calmarse antes de decir cualquier cosa.
- Utilice un lenguaje acorde a su interlocutor@. A lo mejor esto ya es suficiente para mejorar muchas de las dificultades que pueda tener con esta persona en el caso de que su problema de comunicación se base en que nunca ha conocido verdaderamente cuál es lenguaje más acorde que su pareja necesita para comprender sus comunicaciones.
- Busque el momento oportuno, no sólo para usted sino también para la otra persona. El momento oportuno, además de ser aquel donde haya menor probabilidad de distracciones, también es aquel donde no pase demasiado tiempo entre el suceso que ocasionó la molestia y el momento en que se dialoga para intentar resolverlo.

Por supuesto este esquema no sigue necesariamente las técnicas habituales que recomiendan los especialistas, pero lo que intentamos dar en este libro son ideas útiles que le permitan iniciar un cambio en algún aspecto de su vida.

Si usted es una persona que ha sido acusada de no comunicarse bien con los demás o incluso de ni siquiera hacer un esfuerzo por hacerlo, tener en cuenta estas simples ideas, puede ser el inicio de su cambio.

Está claro que lo primero es que Usted realmente quiera comunicarse mejor y una vez teniendo claro esto, es el momento de buscar las herramientas necesarias para empezar a hacerlo.

Recuerde: Aunque el resultado de una buena comunicación es responsabilidad de las partes que intervienen en la misma, la responsabilidad inicial es de quien emite el mensaje y éste ha de hacer lo que sea necesario para que su comunicación se entienda adecuadamente.

Décimo cuarta idea útil: "*¡Comuníquese mejor!... que no es tan difícil*"

Más ideas útiles para estar mejor

Alimente y estimule su creatividad

Más ideas útiles para estar mejor

15. Alimente y estimule su creatividad

> El principal enemigo de la creatividad
> es el buen gusto.
> Pablo Picasso (1881-1973)
> Pintor español.

Tenemos lo que tenemos a nuestro alrededor gracias a la capacidad humana de la creatividad. Para mi es como una de las capacidades nodrizas. Nodriza significa que a partir de ella han salido o nacido muchas más.[18]

Aunque todos somos creadores, y esto ya es una manifestación de la creatividad, no todos somos creativos a la hora de vivir nuestra vida y enfrentar sus problemas.

Los grandes enemigos de la creatividad son la rutina, la aburrición y la rigidez.[19]

La *rutina* significa hacer siempre lo mismo, de la misma manera, en los mismos lugares y a las mismas horas.

La *aburrición* es esa sensación de que se nos pasan las horas y la vida misma, sin que haya algo que nos mueva, que nos motive, que nos apasione.

---

[18] Pueden ver más acerca de esta capacidad nodriza en mis libros Jalipú de Alvupi (Los dioses y demonios del conocimiento y Jalipú de Alvupi –ATACA DE NUEVO-, que pueden ser adquiridos a través de la página web www.sergiomontoyachica.com.

[19] ...o como diría irónicamente Picasso, el buen gusto.

La *rigidez* es esa actitud personal según la cual sólo existe una determinada forma para hacer las cosas. Es una actitud que tiene como aliadas a la testarudez y la prepotencia.

Ahora adivinen...

¿Cuáles son tres de las principales causas de la amargura y el malestar humanos?

Justamente los mismas enemigas de la creatividad: *la rutina, la aburrición y la rigidez mental y actitudinal.*

De tal forma que una manera de atacar el malestar y la amargura que mantienen ciertas personas es estimular y alimentar nuestra creatividad.

¿Por que estas dos palabras?

Muy sencillo: estimular implica que ya hay una base creativa en nosotr@s. Así que lo que necesitamos es aguijonear esta capacidad para que desarrolle nuevas producciones. Y alimentar evoca que así como podemos ser muy creativos, sino retamos a esta capacidad se puede volver famélica.[20]

Creo que no sólo es útil pinchar, estimular, incitar a nuestra creatividad en un momento determinado, sino también lo es nutrirla permanentemente.

En muchas ocasiones ser creativo no significa crear cosas nuevas sino saber combinar y darles un nuevo sentido o una nueva

---

[20] Famélica: Muy delgado, con aspecto de pasar hambre. Ver RAE.

utilidad a cosas o ideas pre-existentes. De hecho algun@s autor@s afirman que todo lo que creamos son sólo mejoras de cosas que ya conocemos. Por ejemplo, puedo componer una canción, pero esta claro que la base son unas notas ya inventadas que se combinan de una nueva manera.

Hago esta aclaración porque algunas personas piensan que ser creativo es sólo proponer cosas nuevas o inventarlas y si bien esta creación, hace parte de la creatividad, hay otras maneras de ser creativos que no parten de "hacer aparecer algo de la nada".

La creatividad no es algo que se consiga sólo con desearlo, es necesario, estimularla, buscarla, aprender a ser creativo, moverse en medios donde la creatividad sea la protagonista. Aunque el resultado de ser creativo puede mejorar nuestra vida, subir nuestra autoestima, conseguir reconocimiento personal y social, el proceso puede pasar por variadas sensaciones, desde la diversión y el apasionamiento hasta el trabajo duro y la disciplina.

Pongamos el ejemplo de los creadores de videojuegos. Todo parecer sugerir que es una actividad bastante divertida, pero detrás de ese resultado donde conseguimos horas de esparcimiento con nuestras consolas, hay muchas horas de trabajo, reuniones, replanteamiento de historias y personajes, estudio y disciplina ya que hay que someterse a horarios y plazos propuestos por los departamentos de ventas.

Bevan y Wright sostienen esto mismo cuando afirman que ser creativos no es fácil, *"...la creatividad requiere mucho trabajo o, al menos, es algo a lo que hay que dedicarle mucho esfuerzo. El hecho de reconocer que es necesario aplicar a tu vida creativa la misma disciplina que usas en lo que consideras tu trabajo habitual constituye un gran paso para aumentar tu creatividad. Saber lo que quieres y luego lo que tienes que hacer para que ocurra marca una gran diferencia entre la creatividad adulta y el juego de un niño. Comprender esto implica que la próxima vez que sientas la necesidad imperiosa de cambiar el mundo que te rodea, en lugar de enfadarte como los niños, tendrás los medios a tu alcance para lograr tu objetivo".*[21]

No pretendo llegar tan lejos en sugerir que debemos convertir nuestra vida en un trabajo pesado y poco divertido en pos de ser "disciplinadamente creativos" o profesionales de la creatividad. Espero que las personas que han llegado a ese momento de hastío debido a la rutina y la aburrición entiendan que tienen herramientas e ideas útiles en sus manos para cambiar la situación. A pesar de que ser creativos en muchas ocasiones no es fácil como sugieren Bevan y Wright, empezar a salir de ese letargo rutinario en que se puede haber vuelto nuestra vida, sólo necesita pequeños cambios para que nuestra creatividad se ponga en marcha.

Cambios tan sencillos como modificar la rutina en que nos duchamos, elegir otra ruta para ir al trabajo, hacer nuevas combinaciones en la ropa que nos ponemos, utilizar las cosas para más utilidades de las que están diseñados, asistir a algún espectáculo creativo que nos pueda incentivar nuestro pensamiento (en vez de ver siempre los mismos predecibles programas de televisión) y, si realmente están interesados en volverse más creativos, leer, investigar y ensayar técnicas muy

---

[21] Bevan, Rob y Tim Wright. Despierta toda tu creatividad: los secretos del genio creativo. Ediciones Newtilus. 2005. Pág. Xiii.

variadas que existen en la literatura sobre esta capacidad nodriza. Recomendamos ampliamente asistir a algún taller de creatividad, donde podrán darse cuenta de los límites que le ponemos a nuestra capacidad y cómo estimularla.

Recuerde: Darle un nuevo giro de estimulación y diversión a nuestra vida, depende de que hagamos cambios en nuestra rutina, nuestra rigidez y nuestra aburrición.

Décima quinta idea útil: *"Alimente y estimule su creatividad"*.

Más ideas útiles para estar mejor

Ejercita tu capacidad de participación y solidaridad

Más ideas útiles para estar mejor
---

16. Ejercite su capacidad de participación y solidaridad

> La caridad es humillante porque se ejerce verticalmente y desde arriba; la solidaridad es horizontal e implica respeto mutuo.
> Eduardo Galeano (1940-?)
> Escritor y periodista uruguayo.

Estar bien o estar mejor de lo que estamos ahora, es posible gracias a que hacemos cambios importantes, aunque puedan ser pequeños, en nuestras vidas.

Habitualmente los psicólogos, consejeros y terapeutas, empezamos por recomendar el cambio interno porque está suficientemente contrastado que sufrimos o gozamos de las cosas, de la vida, de acuerdo a las opiniones, percepciones y mapas que tenemos acerca de esas cosas.[22] Sin embargo, debo aclarar que el cambio para estar mejor significa hacer cosas "dentro de nosotr@s" y "fuera de nosotr@s".

Con frecuencia los problemas personales nos atrapan de tal manera, que muchas personas piensan que vivir es resolver problemas y vivir puede ser mucho más que eso. Los problemas juegan un gran papel en la vida porque nos permiten ser recursivos, creativos, innovadores y nos puede mantener alerta sobre las cosas que no están funcionando bien. Sin embargo, una

---

[22] "las cosas se ven de a acuerdo al cristal con que se miran". 2ª idea útil del libro "11 ideas útiles para estar mejor, escrito por este mismo autor. En www.sergiomontoyachica.com.

vida que dedicamos sólo a resolver nuestros problemas termina pareciéndose más a sobrevivir que a supervivir.[23]

Los problemas particulares son una extensión de los problemas que como humanidad tenemos que enfrentar y viceversa.

Por ejemplo: Aunque existen diversos grados de pobreza, lo cierto es que sólo un porcentaje muy pequeño de la humanidad es rica o puede permitirse unos niveles de calidad de vidas suficientes o necesarias para vivir dignamente. Este libro lo escribo mientras vivo en España y en este país estamos atravesando una de las crisis económicas más fuertes de las últimas décadas igual que en la mayoría de los países del mundo llamado desarrollado. La pobreza y las condiciones adversas en el mundo no sólo no han disminuido sino que esta crisis va a dejar al mundo aún más pobre y las problemáticas sociales serán cada vez más dramáticas.[24] Si a esto le sumamos los problemas medioambientales y las situaciones de violencia y de infracciones contra los derechos humanos, nos damos cuenta que esta humanidad, a pesar de sus avances tecnológicos, está muy lejos de evolucionar en el concepto del bien común, del bien para toda la humanidad. Aún los países y las personas luchamos por defender nuestro honor nacional, aunque eso implique condenar

---

[23] Según la RAE, supervivir y sobrevivir son sinónimos. Aunque significan lo mismo, propongo que se use sobrevivir para su significado original "vivir con escasos medios o en situaciones adversas" y supervivir redefinirlo como "vivir una vida de mejor calidad que sólo aquella que nos permiten los escasos recursos o las situaciones adversas".

[24] Pueden revisar los índices de pobreza y de desarrollo humano en las estadísticas de las naciones unidas. Ver en www.un.org/es/

a las personas del país vecino a la más absoluta pobreza. Habría mucho que opinar y sería motivo varios libros.[25]

He hecho esta pequeña reflexión acerca de lo que sucede a nuestro alrededor más allá de nuestros problemas particulares para sugerir esta idea útil: *Ejercitar nuestra capacidad de participación y solidaridad.*

Participar en alguna causa (siempre y cuando busque el bien común y sea respetuosa de los derechos humanos) puede ser un cambio muy importante en la vida de las personas. Hay muchas y muy variadas causas y muchas y muy variadas organizaciones a través de las cuales podemos participar y ejercitar nuestra solidaridad con los menos favorecidos, con el medio ambiente o con los animales. Cada persona tiene sus propias sensibilidades, así que cada cual puede escoger la que mejor se ajuste a ellas.

Según Francisco García-Pimentel Ruiz, *"La palabra solidaridad proviene del sustantivo latín soliditas, que expresa la realidad homogénea de algo físicamente entero, unido, compacto, cuyas partes integrantes son de igual naturaleza.[...] En nuestros días, la palabra solidaridad ha recuperado popularidad y es muy común escucharla en las más de las esferas sociales. Es una palabra indudablemente positiva, que revela un interés casi universal por el bien del prójimo.*

Podríamos imputar el resurgimiento casi global del sentir solidario, a la conciencia cada vez más generalizada de una realidad internacional conjunta, de un destino universal, de una

---

[25] Pueden adentrarse en la reflexión de estos temas y posibles soluciones en el libro ¿Algo se podrá hacer? de Sergio Montoya Chica.

unión más cercana entre todas las personas y todos los países, dentro del fenómeno mundial de la globalización. Esta realidad ha sido casi tan criticada como aplaudida en todas sus manifestaciones. Buena o mala, la globalización es una realidad actual, verdadera y tangible.

Creemos que una de las consecuencias favorables que nos ha ganado la globalización es, precisamente, una visión más conjunta del mundo entero; un sentido de solidaridad mayor entre los hombres. De pronto, los niños en Ruanda no se sienten tan lejanos; los cañones de guerra en el Medio Oriente también aturden nuestros oídos; el terremoto en Japón sacude nuestra respiración.

Desgraciadamente, esta conciencia de solidaridad universal suele reducirse a una buena intención, una aberración lejana y sentimental hacia las injusticias sociales, hacia la pobreza o el hambre. Y este sentimiento que arroja nuestras esperanzas hacia un país lejano, tal vez arranque de nosotros la capacidad de observar las necesidades de los seres humanos que lloran a nuestro lado todos los días.

Es por esto que la solidaridad debe ser desarrollada y promovida en todos sus ámbitos y en cada una de sus escalas. La solidaridad debe mirar tanto por el prójimo más cercano como por el hermano más distante, puesto que todos formamos parte de la misma realidad de la naturaleza humana en la tierra.

La solidaridad es una palabra de unión. Es la señal inequívoca de que todos los hombres, de cualquier condición, se dan cuenta de que no están solos, y de que no pueden vivir solos, porque el hombre, como es, social por naturaleza, no puede prescindir de sus iguales; no puede alejarse de las personas e intentar desarrollar sus capacidades de manera independiente".[26]

Curiosamente, algo que siempre me ha parecido contradictorio son las personas que se vuelcan hacia el amor y la solidaridad por los demás pero se descuidan a sí mismas o a su entorno más inmediato. Reconozco que dichas personas pasan a ser santos, mártires, héroes y sin ellos posiblemente muchas de las luchas sociales no se conseguirían; también sucede frecuentemente que muchos de sus hijos e hijas se quejan de no haber tenido un padre o una madre porque éstos siempre se encontraban al servicio de los demás.

Mi recomendación es que se pueden combinar ambas cosas.

Sugerir una entrega total a los demás excede mi intención, pero quienes hemos participado en alguna causa que apunte al bien de los demás, sabemos que es una forma de sentirse bien consigo mism@. Te permite sentir un grado mayor de utilidad, es una manera de no pasar indiferente por la vida, genera nuevas relaciones (de un nivel más profundo muchas veces porque se comparten ideales) y, una cosa muy importante, enseñas con el ejemplo cuando predicas que se debe ser más solidario.

Algunas personas no lo hacen porque piensan erróneamente que no tienen nada que aportar, pero lo cierto es que para participar, en muchas ocasiones sólo se requiere nuestra presencia, no tenemos ni que hablar, ni que exponer nuestras ideas, ni hacer grandes discursos o grandes acciones. Desde colaborar con la

---

[26] García-Pimentel Ruiz, Francisco. La solidaridad. En: Monografías.com. Se desconoce su fecha de publicación.

Más ideas útiles para estar mejor

organización del salón donde se van a reunir personas de una asociación, hasta hacer parte de una manifestación, pasando por ser voluntario en cualquier actividad por sencilla que sea, puede ser tu particular y honesta forma de participar. [27]

Hacer un donativo es muy importante y puede ser una opción, pero se corre el riesgo de que las personas acallen su conciencia dando alguna limosna cada cierto tiempo, y por ahí no va nuestra idea útil.

Pero insisto, el que quiera donar dinero o recursos, que lo haga y ojalá que empiecen a hacerlo muchas más personas, pero participar en el sentido que estamos sugiriendo va más allá de esto. Es salirnos de nuestro letargo, de nuestra rutina diaria, de nuestra zona de comodidad y hacer un poco más por otros que lo están pasando peor que nosotr@s.

Participar es otra de las experiencias que sólo se pueden apreciar cuando se viven directamente. Aunque suene un poco redundante, aprender a participar sólo se aprende participando.

Recuerde: puede darle un importante y positivo giro a su vida participando en obras de servicio a los demás.

Décima sexta idea útil: *"Ejercite su capacidad de participación y su solidaridad"*.

---

[27] Ahora se puede ser voluntario hasta por Internet. Escribe en algún buscador "voluntarios on line" y verás las opciones.

17

Menos criticar y más aportar
Asuma la responsabilidad de sus actos, decisiones y emociones

Más ideas útiles para estar mejor

17. Menos criticar y más aportar. Asuma la responsabilidad de sus actos, decisiones y emociones

> Somos la memoria que tenemos
> y la responsabilidad que asumimos.
> Sin memoria no existimos
> y sin responsabilidad
> quizá no merezcamos existir.[28]
> José Saramago (1922-2010)
> Escritor portugués.

Para algunas personas criticar y quejarse son su deporte preferido.

Puede pensarse que criticar y quejarse son dos conceptos diferentes, pero en el uso popular son prácticamente lo mismo, así que lo asumiremos de esta manera.

En un ámbito más estricto, criticar es dar una opinión acerca de algo y quejarse es establecer una reclamación sobre algo con lo que no estamos de acuerdo o nos perjudica.

Podríamos decir que toda queja es una crítica pero que no toda critica es una queja. Incluso hace mucho tiempo en el lenguaje cotidiano se estableció la diferencia entre critica constructiva

---

[28] Justo mientras escribía este libro, el 18 de junio de 2010, ha muerto uno de los intelectuales y escritores más grandes que ha dado el mundo, José Saramago. In memorian.

(opinión que busca el mejoramiento de determinada persona o situación) y critica destructiva (opinión que busca la descalificación y el daño de determinada situación o persona).

En este capítulo me refiero a la crítica como sinónimo de queja y de crítica destructiva. También es cierto que no toda queja es negativa y además es un derecho que tenemos por ser seres humanos y vivir en una supuesta democracia (Ya saben, que en muchos lugares del mundo el derecho a la queja, la reclamación y la protesta están vetados).

Quiero llamar la atención sobre esa actitud que tienen muchos seres humanos, molesta la mayoría de las veces para las personas que están alrededor, de quejarse por " todo", de criticar y reclamar por "todo".

Es sabido que en nuestra cultura occidental vivimos hacia afuera, pendientes de los demás, no necesariamente para servir y aportar sino para criticar, nos cuesta mucho mirarnos y evaluarnos a nosotr@s mism@s y cuando los demás opinan sobre nosotr@s pensamos que están equivocados y no solemos aceptarlo porque no nos reconocemos en dichos comentarios.

Voltear el sentido de la mirada, de lo externo a nuestro interior es ya una idea útil. Hay una imagen muy especial que vi alguna vez en una conferencia: cuando se apunta con el dedo para acusar o señalar a alguien hay otros tres que nos señalan a nosotr@s. El pulgar apunta a una dirección intermedia, aspecto que tampoco deberíamos pasar por alto.

Creo que criticamos en parte porque mecánicamente estamos diseñados para mirar hacia afuera (pocas personas tienen la habilidad física de voltear los ojos hacia adentro) y nos resulta más fácil; pero esto sólo es un aspecto de nuestra realidad, puesto que nuestro mundo interno es muy rico y permanentemente nos está proporcionando imágenes.

El mundo externo tiene tanta riqueza como el interno y si elegimos uno u otro para nuestras criticas es nuestra decisión. Por otro lado, para complementar la primera idea de este libro, si nos mantenemos en una actitud de crítica negativa sobre nosotr@s mism@s esto puede ser evidencia de bajos niveles de autoestima.

O, como dice Solomon, *"...mediante la reflexión podemos afirmar o negar nuestras emociones y asumir la responsabilidad sobre ellas [...] los humanos adultos tenemos muy pocas emociones (si es que tenemos alguna) que no impliquen e incluyan de algún modo la reflexión*. Una de las conclusiones de los estoicos[29], que yo comparto, es que mediante la reflexión podemos asumir hasta cierto punto el control y la responsabilidad sobre nuestras emociones. Pero así mismo, mediante la reflexión podemos negarnos a asumir la responsabilidad sobre nuestras emociones, y de este modo, no intentar siquiera controlarlas. No es de extrañar que algunas de las afirmaciones teóricas más fascinantes sobre las emociones tiendan a ser aquellas que nos

---

[29] El **estoicismo** es uno de los movimientos filosóficos que, dentro del periodo helenístico, adquirió mayor importancia y difusión. Fundado por Zenón de Citio en el 301 a.C., adquirió gran difusión por todo el mundo greco-romano, gozando de especial popularidad entre las élites romanas. Su período de preeminencia va del siglo III a.C. hasta finales del siglo II d.C. Tras esto, dio signos de agotamiento que coincidieron con la descomposición social del Alto Imperio Romano y el auge del cristianismo. Ver www.wikipedia.org

permiten echar la culpa de nuestras emociones a algo o a alguien distinto de nosotros mismos, teorizar sobre ellas de tal guisa que no necesitemos asumir la responsabilidad por ellas. Con lo valiosas que pueden ser la reflexión y la teoría a la hora de ponernos en contacto con nuestras emociones y ayudarlas a cultivarlas y a cambiarlas, resulta enormemente atractivo el uso de estas mismas destrezas para eludir la responsabilidad."[30]

Por otra parte somos seres sociales como ya hemos dicho varias veces en este libro y eso implica que de una forma u otra nos debemos ocupar de los demás.

La clave está en el "cómo":

¿Debemos ocuparnos de los demás para denigrar, criticar, quejarnos, desvalorizarlos, o debemos ocuparnos de los demás para servirles, apoyarlos, contribuir a su bienestar?

Y con respecto a nosotr@s mism@s:

¿Debemos ocuparnos de nosotr@s para desvalorizarnos, autotorturarnos, castigarnos culpabilizarnos o ficticiamente supravalorarnos, creernos los mejores, los poseedores de la verdad y la razón y hacer que todo el mundo gire en torno a nosotr@s o para aceptarnos, evaluarnos, reconocer nuestros aspectos fuertes y nuestros aspectos por mejorar, apoyarnos y creer en nosotr@s mism@s?

---

[30] Solomon, Robert C. Ética emocional: Una teoría de los sentimientos. Paidós, 2007. Pág. 173

Más ideas útiles para estar mejor

Las respuestas parecen evidentes. Sin embargo, en la vida cotidiana las personas vivimos para criticar y criticarnos negativamente. Si esto lo unimos a las personas que tienen una actitud negativa ante la vida, que se quejan por "todo", ya no sólo por ellos o por los demás, sino por las cosas la existencia en general, no parece que podamos estar mejor.

Hay personas que si hace sol, ¡malo!, si hace lluvia, ¡malo!, si hace un día nublado, ¡malo!, si pasamos por una combinación de los tres estados, igualmente ¡malo! Si los saludan amablemente, piensan "¿qué se traerá entre manos este hipócrita?", si no los saludan, "qué groseros son"; si hay trabajo, se sienten casi como esclavos, y si no lo hay, el gobierno es un inepto que nos va a llevar a la ruina. Y así, innumerables ejemplos. Cada lector podrá evaluar hasta qué punto exagero y cuántas personas conocen que tienen una actitud amargada y "quejica" ante la vida.[31]

Algunas variantes de esta actitud poco constructiva es la de regañar constantemente. Lo veo con frecuencia en madres, padres y en parejas, y me pregunto, ¿qué ha pasado?, su pareja, de ser el amor de su vida, de ser la persona que eligió para compartir la existencia, se ha convertido en el blanco de todas sus desgracias. Sus hijos, de ser seres tiernos y maravillosos, que más que la vida alegran el alma y te conectan con todo lo trascendente que hay en el universo, se han convertido en pequeños tiranos que te amargan la vida y te impiden ser feliz. ¿Qué ha pasado? Me sorprendo viendo a estas personas que regañan, "cantaletean" (decimos en Colombia) constantemente, como si cada movimiento que hicieran los otros fuera un acto de

---

[31] "Quejica", sinónimo de quejicoso. Según la RAE: Que se queja demasiado, y la mayoría de las veces sin causa.

69

agresión contra sí mism@s. Y al ver esto, me sorprendo aún más, cuando descubro que esa es la forma de relación habitual en que viven desde hace varios años, o que el otro(la otra) aguante ese ambiente con una resignación casi "enfermiza" (siempre hay uno que regaña más que le otro).

Dependiendo del grado de estrés que estemos viviendo, del momento crítico en que nos encontremos, de la cultura que asimilemos, de los guiones familiares que hemos heredado o porque hemos desarrollado a través del tiempo una actitud negativa hacia la vida, es posible que nos hayamos convertido, sin querer o queriendo, en "quejicas" profesionales.

De igual forma es posible que algunos de ustedes sólo necesitaran darse cuenta de esto para plantearse un cambio en este sentido. Una persona que se queja constantemente, que tiene una vocación de crítica destructiva permanentemente, suele generar ambientes pesados, igualmente negativos y casi con seguridad dañinos para quienes tienen que vérselas con estas personas. En muchas ocasiones son individuos que están condenados a la soledad, porque por más aceptación que tengan los demás, su actitud termina siendo prácticamente insoportable. Lo curioso es que estas personas negativas terminarán echándole la culpa de su soledad a los demás casi con toda seguridad.

Cuando sugiero cambiar la queja y la crítica destructiva por aportes, me refiero a que así como tenemos palabras para dañar al otro, tenemos palabras para sanarlo, estimularlo, darle alternativas de mejoramiento. Me parece muy simpático que estas personas, aficionadas a la destrucción de los demás, tengan dos excusas muy comunes y muy "racionales" para ellos: La una es que a pesar de haber hecho una crítica salvaje, mordaz, corrosiva, tóxica, terminan su expresión con la frase, "pero lo digo por su bien" o alguna variación. Y a propósito de la idea útil sobre comunicarse mejor, la otra excusa es que ellos "son muy francos" y por ello en muchas ocasiones se malentienden sus comentarios "bienintencionados".

Aportar significa que más que ver las cosas que no funcionan en el otro, sus errores, sus "defectos", sus "metidas de pata", su particular estilo de ser, de vestirse, de hablar, reconocemos las cualidades, aptitudes, virtudes, logros, ideas. No quiero sugerir que nos tapemos los ojos y no reconozcamos lo negativo, pero, posicionarnos desde lo negativo a ver el mundo, es una elección personal que se puede cambiar.

Una recomendación que he leído en alguna parte y que viene al caso dice que si no tenemos nada positivo que decirle a una persona es mejor que no le digamos lo negativo. Cuando se quiere mejorar la comunicación con los demás, una de las técnicas que recomiendan los especialistas es que se haga una lista detallada de los aspectos positivos de la otra persona para reconocerlos a la par que les decimos lo que no nos gusta y que creemos que tienen que cambiar.

Asumir la responsabilidad de nuestros actos, decisiones y emociones significa que si criticamos positiva o negativamente es porque hemos elegido esa parte de la realidad. Cuando señalamos aspectos de la otra persona, más que hablar del otro estamos hablando de nosotr@s mism@s. Si permanentemente estoy haciendo críticas destructivas, más que el contenido de éstas, estoy es mostrando cómo he elegido ser, cuál es mi particular manera de ver el mundo.

Cuando me quejo porque una fila está demasiado lenta, no estoy asumiendo la parte de mi responsabilidad: que pude haber venido antes, que no dispuse del tiempo suficiente para hacer esa gestión, que no comprendo realmente cuál es el proceso que implica atender a cada persona, etc.

Cuando critico a otra persona porque se viste de una manera que no me gusta, no estoy asumiendo la parte de mi responsabilidad: Que mi estilo es otro, que así como yo uso mi libertad para vestirme como quiero, la otra persona también la tiene. He visto personas que para mi gusto iban mal vestidas, ¡criticando a otras porque iban mal vestidas!

Si me molesto por la conducta de los demás, he de asumir la parte de responsabilidad que corresponde: Esa molestia es mía. Puedo acusar al otro de haberla generado, pero la molestia es mía. En la idea número 21 ampliamos más este concepto.

Aportar significa que decido agregar valor a las relaciones, al mundo y a mí mismo. Es brindar alternativas de mejoramiento antes que enterrar al otro en aspectos que ni siquiera puede cambiar. Por ejemplo, las personas que critican al otro por ser altos o bajos, por determinados apellidos, por tener las orejas muy grandes o pequeñas, porque mira de una manera "extraña", porque…porque…porque.

¿Es usted una persona que aporta o destruye?

¿Se ocupa de los demás para ayudarles a crecer, apoyarles, servirles, o para destruirles, hacerles sentir mal, para que estén a su servicio?

Más ideas útiles para estar mejor

Recuerde: Cambiando su perspectiva y su actitud, es posible transformar sus críticas en aportes al mejoramiento personal y de su entorno.

Décima séptima idea útil: *"Menos criticar y más aportar. Asuma la responsabilidad de sus actos, decisiones y emociones."*

Más ideas útiles para estar mejor

Aprenda a desconectar

Más ideas útiles para estar mejor

18. Aprenda a desconectar

> No puedo parar de trabajar.
> Tendré toda la eternidad para descansar.
> Madre Teresa de Calcuta (1910-1997)
> Misionera yugoslava nacionalizada india.

> Aprende a relajarte y sacúdete el estrés,
> recupera tu tiempo de ocio,
> piensa en todas aquellas cosas
> que te gustaría hacer en tu tiempo libre:
> leer un libro, ir al cine, hacer una excursión,
> practicar algún deporte..
> Yolanda Barberán[32]

Esta expresión, "desconectar", muy usada en España, me parece bastante acertada para reflejar una de las necesidades y las mejores ideas útiles que he encontrado y vivido.

Aunque puede implicar muchas cosas, desconectar significa quitar la conexión, despegarse, separarse, distanciarse, de aquellas cosas que en un momento determinado son motivos de estrés y rutina.[33]

No es una habilidad nueva del ser humano, pero sí cobra mucho sentido en estos tiempos de carreras, de agendas llenas, de dos y tres trabajos para poder sobrevivir, de angustias del mundo

---
[32] Articulista en www.mujeractual.com
[33] Entre las definiciones que trae la RAE, una de las que más me gusta es la de desconectar desde el punto de vista de la tecnología: "interrumpir el enlace entre aparatos o sistemas para que cese el flujo existente entre ellos.

moderno. Esta habilidad es la capacidad de abstraerse voluntariamente de una situación para descansar de ella, para pensar con mayor claridad, para tener una nueva perspectiva o simplemente para hacer una diferencia en el ritmo de la rutina diaria.

Abstraerse tiene un sentido mucho más mental de lo que en España consideran desconectar, porque aquí esta desconexión casi siempre implica un movimiento físico externo, un desplazamiento hacia lugares de ocio. Por supuesto esto es una especie de autoengaño. Sólo es posible desconectar de aquellas cosas que necesitamos o queremos si realmente nos abstraemos de ellas mentalmente, ya sea que nos desplacemos o no. Pero está claro que para muchas personas es más fácil, si hacen el acto simbólico de alejarse así sea unos metros de los lugares donde esa "conexión" es habitual.

El trabajo, la familia, la pareja, algunos problemas que perduran (y torturan) en el tiempo, son los motivos más comunes para ejercitar y provocar la desconexión.

Dormir es una forma de desconectar (ver el capítulo sobre aprender a dormir), pero para algunas personas el nivel de estrés es tan alto que duermen mal, duermen poco y lo poco que duermen es de poca calidad, así que ya ni siquiera el sueño les ayuda a "reparar" su sistema y empiezan a tomar todo tipo de medicamentos para dormir. A algun@s les funciona y otr@s ni siquiera las sustancias naturales o químicas les son suficientes.

Pero hay otras formas de desconexión que no implican desplazamiento para poder hacerlo. Hay métodos "modernos", que no dejan de ser polémicos a la hora de sugerir una

Más ideas útiles para estar mejor

desconexión.[34] Por ejemplo la televisión, las videoconsolas y el ordenador, son claros ejemplos de ello.[35]

Es polémico porque desde el punto de vista de la consciencia social, muchos autores y pensadores han señalado a estos aparatos como verdaderos instrumentos de alienación de las personas. Y no hace falta ir muy lejos para reconocer muy cerca de nosotr@s a seres queridos que son verdaderos adictos a las máquinas de todo tipo, cuando no es a un determinado programa, una telenovela, los noticieros o un determinado juego. Algunas personas argumentan que son ciertos programas o videojuegos los que los tienen "enganchados", pero para muchos otros es sólo el acto de "conectarse" a estos aparatos lo que ya hace la diferencia.

Se produce aquí un claro ejemplo de lo complejo que puede ser el ser humano. Muchas personas necesitan desconectar de aquellas cosas que han utilizado supuestamente para desconectar. Este hecho muestra que en muchas ocasiones el remedio termina siendo más malo que la enfermedad (las soluciones equivocadas son las que generan los verdaderos problemas).

Desconectar es francamente difícil para muchas personas hasta el punto de necesitar ayuda psicoterapéutica y/o médica. Y no

---

[34] Si nos ponemos extremos en los términos y en la experiencia, podríamos decir que no es posible para el ser humano estar "realmente" desconectados, porque la desconexión de algo implica que nos conectamos a otra cosa. Incluso alguien podría argumentar que hacer meditación tipo oriental (dejar la mente en blanco) es una especie de conexión con la nada, con lo eterno.
[35] En España se les dice ordenadores, en Colombia "el computador", en México "la computadora". ¡Cosas del castellano!

me refiero a los casos extremos de adicciones a sustancias psicoactivos, sino a aquellas adicciones más "habituales", más "lógicas", más "sociales". Ser o estar adicto al trabajo, incluso a la familia, a la pareja, a determinados rituales, son bastante comunes en la actualidad. A muchos no se les podría catalogar como "adictos a", sino simplemente que las circunstancias se han vuelto tan complejas en un momento determinado que hay que mantener un ritmo de atención continuado que provoca el estrés y las angustias del día a día.

Así que más que una idea "exótica" o atractiva para descansar, desconectar para algunas personas es una verdadera necesidad para poder estar medianamente cuerdo y funcional.

El organismo (no sólo el cuerpo, sino todo nuestro sistema como seres vivos) requiere mantener diferentes ritmos para poder existir. Al no estar diseñado de esta forma, no puede mantenerse en un ritmo constante durante demasiado tiempo. No puede mantenerse trabajando TODO el tiempo, no puede hacer el amor TODO el tiempo, no podemos estar de buen ánimo TODO el tiempo, no podemos estar tristes TODO el tiempo. Así que si sólo dejamos actuar "naturalmente" al organismo, sin nuestra intervención, él sólo encontrará la manera de desconectarse. De hecho somos testigos de esto fácilmente. ¿Cuántas veces, sin darnos cuenta, nuestra mente se va a la playa, mientras estamos en el trabajo?

Y esto es una sentencia: "si nosotr@s no provocamos otro ritmo en nuestra vida, nuestro organismo lo hará". O Usted busca las manera de descansar, abstraerse, tomar distancia, desconectar, o el organismo lo hace".

Más ideas útiles para estar mejor

Y si bien la desconexión natural siempre ocurrirá, en algunas ocasiones el nivel de estrés es tan alto que ésta puede aparecer en el momento menos indicado e incluso provocar situaciones mortalmente peligrosas. Seguramente también es habitual para usted darse cuenta que cuando conduce, su mente se va a otra parte. O cuando en su trabajo está manejando una máquina peligrosa, o cuando está en la cocina cortando algunos alimentos. Muchos de los accidentes laborales se producen por descuidos de l@s mism@s trabajadores(as), debido al cansancio por trabajar muchas horas, por descuidos al tener la "cabeza en otra parte".

Esto significa que si no atendemos a nuestro cuerpo, si no nos atendemos a nosotr@s mism@s y nos permitirnos cambiar de ritmo, descansar, desconectar, el organismo lo hará cuando ya no aguante más y aunque el efecto inmediato para nosotr@s pueda ser beneficioso, las consecuencias prácticas no siempre pueden ser deseables.

Por supuesto al tener el organismo la capacidad y necesidad de desconectarse cuando llega a determinado límite, siempre habrán desconexiones que no podremos controlar y ¡qué bueno que sea así!, porque eso demuestra y garantiza que está funcionando dentro de unos márgenes de salud o, perdonen la redundancia, de "buen funcionamiento". Sin embargo cuando llevamos a nuestro ser a los extremos que la vida moderna nos impone, sin que sepamos cómo descansar, estamos ejerciendo mal nuestra capacidad de autocuidado. [36]

---

[36] Espero que a estas alturas usted ya se haya dado cuenta que echarle la culpa de sus males a la vida moderna es una excusa barata y por tanto una forma de autoengaño. No es la vida moderna la que nos estresa, somos nosotr@s l@s que nos estresamos con la vida moderna.

Desconectar es una herramienta poderosa para estar mejor. Es una habilidad que podemos desarrollar conscientemente y usarla a nuestro favor. Es una manera de reconectarnos con nuestros sueños, con nuestras intuiciones, con nuestras expectativas. Desconectar voluntariamente es un instrumento con el cuál podemos reducir el ruido, los desechos, lo que sobra. Y lo que sobra en nuestras vidas, sino es útil, es una carga innecesaria. Por extraño que pueda parecer somos cargadores de basura. Desconecte y deshágase de la basura. Para usar un símil informático, más que enviarlo a la papelera de reciclaje es limpiar ésta de las cosas que necesitamos que desaparezca del sistema. Desconecte y permítase entrar en otro ritmo de vida, al fin y al cabo es su vida y nadie más la vivirá por usted.

Recuerde: Podemos aprender a reconocer y disfrutar las desconexiones espontáneas, pero también podemos generarle a nuestro organismo desconexiones voluntarias que no sólo nos permitan descansar, sino que a la vez signifiquen que estamos atendiéndonos, cuidándonos, queriéndonos.

Décimo octava idea útil: **"Aprenda a desconectar"**

Más ideas útiles para estar mejor

Vuelva a contactar con la naturaleza

Más ideas útiles para estar mejor

19. Vuelve a contactar con la naturaleza

> Los actos contra la naturaleza
> engendran disturbios contra la naturaleza.
> William Shakespeare
> (1564-1616) Escritor británico.

Una de las maneras de volver a estar en contacto con nosotr@s, de desconectar, de volver a hacer las paces con lo esencial de nuestra vida es entrar en contacto con la naturaleza.

Antes de seguir, mírese una mano, mueva los dedos, aprecie las particularidades de su mano, los surcos, las formas, los colores (si detalla se dará cuenta que nuestra mano tiene varios colores). Ahora intente ir más allá de la piel, imagine cómo los tendones, los músculos, los huesos y la red de vasos sanguíneos también hacen parte de su mano, también son usted. Ahora vaya otro paso más e intente responder a ¿cómo es posible que usted pueda darse cuenta de esto? Sus terminaciones nerviosas le envían información al cerebro y finalmente un acto tan simple como mirarse una mano, puede significar ser testigo de un milagro. ¿Y los otros seres vivos? ¿Qué comparten con ese milagro que es usted? ¿Acaso no está usted viv@? ¿Acaso no son ellos también milagros? ¿Y acaso esa vida es sólo en exclusiva y sólo usted la puede disfrutar? Encontrará la respuesta fácilmente. Queramos reconocerlo o no, estamos conectados con la naturaleza, con lo que nos rodea, con la vida. ¡Somos naturaleza!

No somos un ladrillo, no somos un pedazo de pavimento, no somos una máquina, somos esencialmente seres vivos y en esa medida somos parte de la naturaleza.

Escuchen bien, lean bien... *"somos parte de la naturaleza" "somos naturaleza"*, no los dueños de la ella. Creernos los dueños de la naturaleza está provocando grandes males para la ella misma, o sea para nosotr@s mism@s. Nuestra inteligencia, aparentemente más desarrollada debió servir para convertirnos en administradores eficaces de los recursos y ha servido en la mayoría de los casos para convertirnos en depredadores con herramientas más sofisticadas. [37]

Se produce aquí una conexión, un contacto bi-direccional, si nos damos cuenta de ello: Podemos contactar con la naturaleza a través del contacto con nosotr@s mism@s, pero también podemos contactar con nosotr@s mism@s a través del contacto con la naturaleza (externa).

Aunque much@s de nosotr@s somos "urbanitas", o sea, hemos nacido, crecido y desarrollado en las ciudades y cada salida al campo más cercano nos parezca un deporte extremo, porque algunas de nuestras comodidades desaparecen momentáneamente, lo cierto es que hacemos parte de todo lo que nos rodea. Así que recomendar entrar en contacto con la naturaleza, también significaría entrar en contacto con nosotr@s mism@s y los demás humanos, pero la recomendación aquí va más allá de lo doméstico.

---

[37] Ésta, por supuesto, es una discusión para otro momento, pero si eres una persona inquieta con el medio ambiente, tienes un montón de alternativas para practicar la idea útil de ejercitar tu capacidad de participación y solidaridad.

Más ideas útiles para estar mejor

Y digo más allá de lo doméstico porque algunas personas pueden argumentar que ya entran en contacto con la naturaleza a través de sus sucedáneos[38] "portátiles", como lo pueden ser las mascotas o las plantas del balcón. Por supuesto que esto es un contacto con la naturaleza y quiero hacer un reconocimiento de paso de lo importante que puede ser para las personas tener a su cuidado y como compañía la presencia de animales y plantas en la casa. De hecho, la podríamos mencionar como una excelente idea útil: consiga una mascota o una planta, o algún ser vivo al quien cuidar.

Lo que sucede es que esta recomendación no va en la línea de lo que queremos sugerir con lo de entrar en contacto con la naturaleza. Para muchas personas una mascota o planta significa compañía, complicidad, satisfacer una serie de necesidades muy cotidianas del bienestar psicológico, que puede derivar incluso en contradicciones muy preocupantes en algunos casos.

Por ejemplo, la señora que odia a los seres humanos, pero ama perdidamente a su perro o su gato; el millonario que le deja una herencia a sus animales descuidando a sus personas cercanas; las personas que de igual forma empiezan a tener una relación de alta dependencia afectiva de sus mascotas y muchos otros comportamientos, que siendo respetables y posibles, ponen en cuestión el nivel de valores y de salud mental de las personas.

Margaret Hay recomienda: "Siempre que puedas visita el bosque, el mar o la montaña, dedica parte de tu tiempo a descubrir los parques o jardines de tu ciudad o rodéate de plantas, sea como sea, siente en ti la fuerza de la vida, serénate,

---
[38] Sucedáneo: Reemplazo.

mira y escucha. Observa, respira y siéntete parte de ella, o estás sólo. Es una armonía que también está en ti y el contacto con la naturaleza te ayuda a reconectar con ella y recuperar la paz interior que necesitas para sentirte bien contigo mism@..."[39]

Abrazar un árbol, pisar la tierra con el pie descubierto, bañarse en un río, pararse en la cima de una montaña a divisar el horizonte, hacer el ángel en la nieve, bucear, así sea por un@s pocos segundos, caminar por el bosque (mejor de noche), son sólo algunas de las cosas posibles que nos pueden dar una nueva perspectiva de nuestra humanidad a partir del contacto con la naturaleza.

Si alguna de estas ideas les parece muy extrema, un simple paseo por el campo puede obrar el milagro.

Recuerde: Cada centímetro de su cuerpo y de la naturaleza que le rodea comparte el misterio de la vida, y por tanto conforma una interconexión que aumenta y le da un toque mágico a la existencia. Re-conocer, re-conectar, re-contactar, sentir esa conexión nos permite estar mejor porque nos pone en perspectiva de lo que somos y de la fortuna con la que contamos.

Décima novena idea útil: **"Vuelva a contactar con la naturaleza"**.

---

[39] Hay, Margaret. Felicidad es...pensamientos positivos para atraer el bienestar. Ediciones Robin Book, 2009. Pág. 84

Más ideas útiles para estar mejor

Entérese de lo que pasa en el mundo sin identificarse

Más ideas útiles para estar mejor

20. Entérese de lo que pasa en el mundo sin identificarse

> La gente generalmente confunde
> lo que leen en los periódicos con las noticias.
> Abbott Liebling (1904-1963)
> Periodista estadounidense.

> Nada viaja a mayor velocidad que la luz
> con la posible excepción de las malas noticias
> las cuales obedecen a sus propias leyes.
> Douglas Adams (1952-2001)
> Escritor británico.

Aunque esta es una idea útil para estar mejor, hay que exponerla con cierto cuidado porque algun@s especialistas pueden sugerir justamente lo contrario; o sea, que para estar mejor deberíamos alejarnos de lo que sucede en el mundo. Y ambas pueden ser ideas útiles. Por un lado mantener una cierta distancia con la realidad y con lo que sucede en ella puede dar una sensación de frescura y de desconexión, conocer lo que sucede a su alrededor puede inyectar esa cuota de realidad que es necesaria para tomar algunas decisiones o incluso para poder ejercitar tu solidaridad.

Un ejemplo claro lo tenemos cuando salimos de vacaciones y sentimos que el tiempo no corre, que todo está suspendido en el tiempo y parece que en el mundo todo esta perfecto.

De hecho esa es la sensación que buscan cuando salen de vacaciones muchas personas. Es una especie de autoengaño porque esos días de descanso terminarán y tendrán que enfrentar "la realidad" habitualmente cargada de cosas negativas, preocupaciones, estrés y carreras de un lado para otro.

Así que ¿cómo puede ser una idea útil enterarnos de lo que sucede a nuestro alrededor? ¿No seria preferible tratar de alargar ese "efecto vacaciones"?

Es el mismo dilema de "ojos que no ven, corazón que no siente". Si bien en un momento particular puede ser positivo mantener una realidad oculta a las personas, también es probable que esa ocultación en otras circunstancias provoque más problemas que los que se pretendieron evitar.

¿Cuáles son las alternativas entre estar informado y estar desconectado de la realidad?

Aunque pueden ser varias, la que proponemos aquí tiene que ver con no "identificarse".

En general cuando asumimos, pensamos, sentimos y actuamos a partir de las emociones, pensamientos y acciones de otros, nos estamos identificando con esas experiencias.

Cuando una persona encuentra que una situación de alguien se parece a la de ella, decimos que se identifica con esa persona o esa experiencia, o cuando comparte ciertas visiones e ideas. Nos identificamos cuando hacemos nuestras las experiencias de otras personas, aun cuando nosotr@s no las hayamos vivido personalmente. Es como una especie de empatía, ponernos en los zapatos del otro. Por ejemplo, podemos sentir un dolor similar, igual o incluso superior ante la muerte violenta de un hijo de la vecina.

En otras ocasiones, es como una especie de envidia positiva. Por ejemplo, nos podemos identificar con personas aventureras e incluso alcanzar a sentir sus emociones aunque nosotr@s seamos más bien cobardes y poco dados a salir de nuestra zona de comodidad.

Como podrán deducir rápidamente, identificarse con los demás y sus experiencias y con el mundo y lo que pasa en él, puede traernos cosas muy buenas, pero también hacernos sufrir mucho.

Y aquí llegamos a otra importante capacidad de los seres humanos: así como podemos identificarnos, podemos desidentificarnos. Ambos procesos son inevitables y están en nuestras manos. De hecho ambos procesos los realizamos de manera espontánea y automática. Y la suerte es que además podemos hacerlo a voluntad. Es otro aprendizaje. Para algunas personas requerirá más tiempo, pero si esta dispuesto a aprenderlo, puede lograrlo.

Y es más, puede aprender a desidentificarse incluso de sus propias experiencias, emociones, pensamientos y acciones. De hecho es una potente estrategia terapéutica para aprender a manejar experiencias traumáticas.

Pero aclaremos, no identificarse no es lo mismo que desidentificarse. Tenemos las tres capacidades: identificarnos, no hacerlo y desidentificarnos.

Cuando ya estamos identificados con una experiencia, pero esto nos esta causando daño, podemos dejar de hacerlo, pero en muchas ocasiones podemos ser testigos de determinada situación y ni siquiera haberla hecho nuestra.

Aunque en general nos identificamos más fácilmente con lo que está más cercano y no lo hacemos con lo más lejano, no es siempre así y muchas personas pueden sentir tanto dolor por las personas marginadas de su barrio como por las de un país lejano.

Lo más cercano es lo que nos pasa a nosotr@s mism@s, a nuestr@s hij@s y espos@, a nuestra familia extensa (abuel@s, ti@s, prim@s, etc.), a nuestra comunidad de acción más cercana, a nuestra ciudad, a nuestra provincia, nuestro país, nuestro continente y así sucesivamente. Aunque suene un poco ridículo para algun@s, si hubiera vida en otros planetas, casi con seguridad nos sentiríamos más identificados con una persona del país más lejano al nuestro que con un extraterrestre. Por supuesto siempre hay excepciones.

Es habitual que sintamos como nuestros los triunfos y fracasos de l@s hij@s, y en muchas ocasiones este nivel de identificación nos puede llevar no sólo a sufrir o a disfrutar sino que trae consigo el nefasto efecto colateral de vivir o intentar vivir la vida por ellos. Y una cosa es ayudarlos en un momento determinado y otro es vivir la vida por ellos coartando el desarrollo de su autonomía y la capacidad de hacerse cargo de sus propias vidas.

Así que una posible vía intermedia entre la indiferencia y el sufrimiento por los dolores y problemas en el mundo es "enterarse sin identificarse" o en el caso de que ya lo hayamos hecho buscar la manera de desidentificarnos.

Una forma de darse cuenta de con qué cosas está identificado es hacer una lista de situaciones o experiencias no personales que le provocan sentimientos como rabia, tristeza, dolor, angustia, preocupación. Por ejemplo una identificación sin acción puede no ser otra cosa que indiferencia. Puedo decir que el hambre de los niños en el mundo me duele mucho, pero luego no hacer nada al respecto. Igualmente puedo hacer algo, pero como cualquier cosa que haga será insuficiente, puedo sentirme frustrado o dejar de tomar acción porque no siento que mi intervención haga una diferencia. [40]

Puedo tomar acción, a partir de mis posibilidades, de esta manera ya no soy indiferente ante determinada problemática social, pero puedo tomar distancia (desidentificarse) de la sensación de dolor constante por no poder hacer más por esa situación.

---

[40] Recuerdo la historia de las estrellas de mar que han sido arrastradas a la playa durante la marea alta y luego, al bajar la marea se quedan atrapadas en la arena. Por la mañana, un paseante ve a la distancia a una persona que corre de un lado a otro entre la playa y el mar, lanzando algo al agua. Cuando el paseante se acercó más se dio cuenta que la persona estaba recogiendo las estrellas y lanzándolas de vuelta al mar. El paseante le dijo a la persona que lo que hacía no tenía mucho sentido porque la playa estaba literalmente invadida de estrellas de mar y que no podría salvarlas a todas. La persona recogió otra estrella, lo miró amablemente, corrió hacia el mar y la lanzó al agua lo más lejos que pudo. Cuando volvió ha recoger otra, miro al paseante y le dijo: "para esa tuvo sentido". Después de esta aplastante respuesta, el paseante se unió en la labor a la persona y estuvieron lanzando estrellas de mar al agua el resto de la mañana.

Wilber[41] reconoce esta aparente contradicción entre identificarse y desidentificarse cuando afirma: *"Quienes han estudiado la psicología de la meditación conocen, desde hace mucho tiempo, dos hechos muy importantes de apariencia contradictoria. El primero es que el objetivo de la meditación consiste en desidentificarse o desapegarse de todo lo que se presente en la consciencia. En este sentido, la trascendencia ha sido definida como un proceso de desidentificación, y sus practicantes se han entrenado muy duramente para desidentificarse de cualquier yo, mí, o mío que aflore en su consciencia. Pero el segundo hecho es que la patología consiste en una desidentificación o disociación de ciertos aspectos del yo, de modo que la desidentificación no es tanto la cura como el problema. ¿Deberé, pues, identificarme con mi ira, o por e contrario, desidentificarme de ella? Ambas cosas pero en su debido momento (es decir en el momento evolutivo que le corresponda), porque, en este sentido, el momento resulta sumamente importante. Si la ira emerge en mi consciencia, y es experimentada y reconocida como mía, el siguiente paso consistirá en avanzar hacia la desidentificación (es decir, en desembarazarme de la ira y del yo que la experimenta y convertirla así de yo en un mí, lo que es muy sano). Pero si la ira emerge en mi consciencia, pero no es experimentada como mi ira, sino como tú ira, su ira o la ira de un ello, el primer objetivo consistirá en identificarme con la ira, y de ese modo, reapropiarme de ella (convirtiendo así a 'tu ira', 'su ira' o la 'ira de ello' en tercera persona en 'mi ira' en primera persona y*

---

[41] Wilber es uno de esos autores que dicen cosas muy trascendentales pero no siempre es fácil de entender. Si éste es su caso y como mi compromiso con este libro es que las ideas sean muy asequibles, les recomiendo que hagan un ejercicio de análisis lento. O sea, léalo una y otra vez e intente darle sentido al párrafo.

reapropiándome así REALMENTE de la condenada ira), y sólo posteriormente deberé desidentificarme de la ira y del yo que la experimenta...".[42]

Usted escucha una historia muy triste de algo que le ha pasado a alguien en otro país y alcanza a sentir el dolor que puede estar viviendo la persona protagonista directa de la historia y se pregunta qué haría en esa situación. Eso significa que usted ha hecho suya esta experiencia. De aquí en adelante pueden pasar varias cosas: 1) Que simplemente se quede triste por un rato y luego pasa a otra cosa. Digamos que es una identificación temporal con la que luego se desidentifica. 2) Que se quede triste más tiempo del que usted mism@ hubiera esperado. Se ha identificado de manera más permanente. 3) Que sienta una tristeza parecida a la anterior, pero ésta le lleva a hacer algo al respecto por la persona protagonista de la historia o por movilizar la consciencia social para que esas cosas no le pasen a más seres humanos. Y seguramente Usted podrá encontrar otras posibilidades. También está la opción previa a la identificación es que usted sólo escuche la historia y no le provoque ninguna sensación en particular.

Recuerde: Dependiendo del grado de identificación o desidentificación que tengamos, sufriremos o disfrutaremos más o menos de nuestra vida. Lo mismo podríamos decir de la "no identificación": tenemos la capacidad para mantenernos a salvo de aquellas cosas que no van a aportar bienestar a nuestra vida.

---

[42] Wilber, Ken. Espiritualidad integral: El nuevo papel de la religión en el mundo actual. Kairós, 2007. Pág. 218

Vigésima idea útil: **"Entérese de lo que pasa en el mundo sin identificarse"**

Aprenda a filtrar las influencias negativas

Más ideas útiles para estar mejor

21. Aprenda a filtrar las influencias negativas

> Amor se llama el juego
> en el que un par de ciegos
> juegan a hacerse daño.
> Joaquín Sabina (1949-?)
> Cantautor y poeta español.

> Todas las cosas llegan,
> le hacen a uno daño y se van.
> Amado Nervo (1870-1919)
> Poeta, novelista y ensayista mexicano.

Habitualmente cuando nos relacionamos, establecemos una serie de juegos e interacciones con las otras personas que no siempre son constructivas; por el contrario, con mucha frecuencia, nuestras relaciones están marcadas por una serie de intentos de causar un efecto negativo en los demás.[43]

¿Cuántas veces hemos escuchado "es que tú me haces daño"? dicho de esta forma o de otras como: "tu me desmotivas", "tú me enfadas", "tu me engañas" "es que tú sólo sabes hacerme sufrir", "tu me descalificas, no me valoras, me subestimas". Y un largo etcétera. Estas acusaciones son acompañadas de improperios, vulgaridades, salidas de tono, malos gestos, voces altisonantes, "shows histéricos" y una serie de acompañantes no

---

[43] Puede ver una exposición más profunda y más divertida de esta idea en el libro "Pescados y Pescadores, juegos psicológicos que nos amargan la vida" en www.sergiomontoyachica.com

verbales que le dan acento a lo que nos dicen y decimos con las palabras.

Algunas de los elementos que acompañan esta idea han sido expuestos ya en este libro pero es importante recordarlos. Tenemos la tendencia a echar la culpa a las demás personas y al mundo en abstracto de lo que nos sucede. Y si bien es cierto que estamos en interacción permanente y es inevitable que muchas de las acciones de los demás nos afecten, somos nosotr@s l@s últim@s responsables de cómo esas experiencias nos influyen.

Vamos a poner un ejemplo:

Imagínese la siguiente escena: Hay dos personas, A y B, que son insultadas de manera muy fuerte y grosera por una tercera persona, la persona D. La persona que insulta tiene más o menos los mismos motivos para insultar a A y a B. Tiene la misma motivación, insulta con la misma intensidad y el tipo de relación que tiene con las personas A y B es la misma. Sin embargo los efectos no son los mismos. Mientras la persona A se siente muy enfadada, humillada y con mucha rabia por los insultos de la persona D y se enfrasca en una discusión que incluso casi llega a la violencia física, la persona B toma una actitud diferente, escucha los insultos, pero no se siente ni enfadada, ni humillada; aunque la situación no es agradable, puede mantenerse tranquila, no como una pose, sino como un estado interno real.

¿Es esto posible?

La respuesta es sí. Sin embargo, para algunas personas que tienen incorporadas las reacciones (agresivas, defensivas, primarias) como una manera "natural" y "normal" de responder

Más ideas útiles para estar mejor

ante lo que consideramos un ataque la respuesta posiblemente sea no: "no es posible mantenerse tranquilo ante un ataque como el de la persona D".[44]

Pero aquí los hechos nos acompañan y la evidencia es que sí es posible. Puede que no sea lo común, pero es posible, y mientras haya una posibilidad, los seres humanos tenemos derecho a buscarla porque es una manera de estar mejor.

Otra posible reacción muy común es quedarse callado, pero por dentro estar muy afectado. O sea, la persona D consigue su objetivo pero esta persona C, no muestra el daño que le han hecho. Así que hay que hacer una diferencia entre quedarse en silencio no respondiendo a la provocación y otra cosa es manejar la situación sin dejarse afectar.

Y es aquí donde debemos intentar darnos cuenta de lo que pasa en estas situaciones.

Si una persona está enfadada con casi toda seguridad va a intentar sacarse de encima ese enfado, el cuerpo se lo pide. Así que busca cosas o personas a quien soltarle todo ese malestar. En muchas ocasiones esa descarga la hacemos sobre personas y no sobre cosas. Y también es común que terminen pagando "justos por pecadores", porque las personas enfadadas se desquitan con personas que no les provocaron el enfado. Por

---

[44] En varias de las metodologías de resolución de conflictos una materia fundamental, aparte de la empatía, las habilidades de comunicación, la negociación de los intereses de las partes implicadas, está también el que las personas o partes del conflicto aprendan a no entrar en las provocaciones de la otra y aprendan también a identificar cuáles son las que se envían y que harán difícil que se pueda resolver pacífica y civilizadamente el conflicto.

supuesto también nos desquitamos o tratamos de descargarnos con las personas o situaciones que nos provocaron el malestar como lo hace la persona A del ejemplo.[45]

Así que una persona puede descargarse de su enfado con las personas o situaciones que provocaron su malestar o puede hacerlo con personas que no tienen nada que ver.

Las reacciones ante los insultos pueden ser muy variadas y difícilmente podemos resumirlas todas acá. Sólo puedo invitarle a que piense en cuál sería su reacción.

¿Alguna vez le han tratado mal, le han gritado o insultado y no sabía exactamente por qué? ¿O ha vivido una situación donde es evidente que la persona cuando llega a nosotr@s ya viene molesta? ¿O cuántas veces terminábamos sufriendo los castigos de nuestros padres por algo que había hecho algun@ de nuestr@s herman@s?

Vamos a diseccionar la situación:

Tenemos tres elementos: Una persona que insulta, los insultos y la persona que lo recibe.

En algunas regiones de Colombia tenemos un proverbio popular que dice "la patada se recibe de acuerdo al burro que te la dé". Esto significa más o menos que dependiendo de quién es la

---

[45] Una conocida película en el ámbito empresarial llamada "Ondas", muestra cómo esas descargas pueden generar una cadena de reacciones en todo nuestro entorno. La película señala que si bien podemos provocar ondas negativas, también nuestro buen trato a los demás puede crear ondas positivas.

persona que nos insulte vamos a manejar el asunto de una manera o de otra. Pero, ¡atención!, cada persona es única y lo que se puede aplicar a una, no necesariamente se puede aplicar a otra.

La persona que insulta la podemos clasificar en tres tipos dependiendo del grado de cercanía afectiva que tenga con nosotr@s; Muy cercana, más o menos cercana y nada cercana, o sea una persona desconocida.

Hay personas que dicen: Si a mí me insulta una persona cercana, no lo puedo soportar porque no admito que alguien que me estima me pueda decir tales cosas, pero si es una persona desconocida, no me afecta porque seguramente es que la persona está diciéndome esas cosas sin mucho fundamento. Para otras personas, el asunto es al revés, pueden aceptar con relativa facilidad lo que les dice una persona cercana, pero no lo admiten de un extraño.

El segundo elemento son los insultos. También podemos colocar en tres grupos a éstos: Insultos muy fuertes, fuertes y suaves. Algunas personas dicen que lo que les puede afectar no es la cercanía de la persona que los dice sino los insultos en sí mismos, la fuerza con que se dicen y el tipo de palabras que se usan. Se pueden usar palabrotas de "bajo calibre" o de "alto calibre".

Y el tercer elemento es la persona que recibe el insulto. También podemos dividirlas en tres: Personas muy "afectables", "afectables" y poco "afectables".[46]

---

[46] Aunque la palabra me suena raro o de uso poco común, existe en el diccionario y me parece más apropiada que la palabra sensible, porque una persona poco sensible puede dejarse afectar fácilmente.

Hay personas que tienen una habilidad especial para no dejar que las cosas les afecten, mientras que hay otras personas que podríamos decir que se afectan por "todo".

De forma que podemos hacer un montón de combinaciones para explicar por qué al final el resultado pueda ser que quien recibe el insulto salga afectado, poco o nada afectado.

Pero recuerde, es posible. Y si es posible, tiene derecho a aprender a manejar estas influencias.

Identifique qué situaciones, personas o palabras tienen un especial poder sobre usted de tal manera que cuando dicen, hacen algo o incluso sólo con la presencia de esa persona, ya empieza a sentirse mal.

Tenga en cuenta esto: ¿qué diferencia hay entre la palabra amor y odio? Pues que son palabras que significan y evocan experiencias diferentes. Pero son sólo palabras, una combinación determinada de letras que nos han enseñado que significan distintas cosas.

Entre "te amo" y "te odio" y que una frase le haga sentir muy bien y la otra le haga sentir fatal, la diferencia sólo está en la significación que cada persona le da a la frase. Hay tantas evidencias a este respecto que en muchas ocasiones la persona equivocada nos puede decir que nos ama y más que sentirnos bien nos puede hacer sentir mal, y viceversa. Aunque haya una intención en la persona que habla, y las palabras en sí mismas estén cargadas de un determinado significado, al final somos nosotr@s, l@s que recibimos esas palabras, l@s que les demos el significado final y por tanto quienes decidimos, aunque no nos percatemos, si esas palabras nos hacen bien o nos hacen daño.

No es la otra persona la que me hace daño, lo que sucede es que "yo permito que el otro me haga daño". No es que el otro me alegre el día, es que "yo permito que el otro me alegre el día". Si la persona equivocada, con palabras equivocadas tiene la intención de alegrarme el día, a lo mejor lo que consigue es que yo me sienta mal. De igual manera, alguien que ni siquiera está pensando en amargarme o alegrarme el día, dice o hace algo gracioso y me hace pasar un momento bastante bueno.

Le hemos cedido el poder a personas y cosas para que nos hagan daño o "nos lleven al cielo", pero realmente ese poder es sólo nuestro. Somos nosotr@s quienes permitimos que determinadas cosas y palabras nos afecten o nos hagan sentir bien.

Cada persona puede identificar a quienes hemos cedido "ilusoriamente" nuestro poder personal para estar bien. Habitualmente nuestr@s hij@s, nuestra pareja, nuestros padres, determinados amigos, determinadas situaciones, incluso políticos, o el gobierno, el orden mundial, las injusticias sociales, algunos tipos de jefes... la lista puede ser inmensa.

Ahora la lógica es aplastante: Mientras haya más personas y cosas a las que les hemos dado el poder para afectarnos, más angustiados y amargados viviremos, mientras a menos personas y cosas les demos poder para hacernos daño, más tranquilos y "felices" viviremos.

Por supuesto aprender a que mis estados de ánimo dependen sólo de mí es un proceso constante, porque lo que hoy no me afecta, mañana puede hacerlo.

Tampoco significa que las cosas y las personas dejen de importarme, significa que empiezo una nueva relación con las experiencias. Por supuesto que me importa lo que dice mi hijo, pero el resultado final dentro de mí lo decido o lo permito yo.

Las influencias externas son negativas o positivas dependiendo de la interpretación que hagamos de ellas. Esa interpretación la aprendemos a hacer a partir de las experiencias que hemos recibido en nuestro proceso de crecimiento, de las personas que han sido importantes en nuestra vida y de las circunstancias de vida que nos ha tocado enfrentar. Pero al final, somos los únicos responsables del resultado final. Quizás hayamos aprendido a tener ciertas reacciones porque así las tenían nuestros padres, pero en la medida en que crecemos y nos conocemos, esta explicación pasa a ser una excusa, porque, una vez que nos hacemos cargo de nuestra vida, nuestras emociones, pensamientos y estados de ánimo en general, dependen sólo de nosotros.

Imagine la situación más extrema, la discusión más fuerte que haya tenido y pregúntese si la sensación con la que quedó al final es debido a la otra persona y sus palabras o si se debe al manejo que usted hizo de la situación. Puede que piense que es culpa del otro, pero responda esta otra pregunta, ¿si hubiera manejado la situación de otra manera, hubiera quedado con otra sensación?

Parece muy lógico, pero la lógica no siempre es la consejera que más consultamos.

Recuerde esta idea útil: Quien verdaderamente tiene el poder de hacernos daño somos nosotr@s mism@s. Nosotr@s cedemos a las personas o a las cosas el poder para que nos afecten de una manera o de otra. Incluso por el lado de la "afectación" positiva, podemos aprender a filtrar estas influencias. ¿Cuántas veces las personas nos han adulado, no por el hecho de hacernos sentir bien, sino porque lo que realmente buscaban era algún beneficio de nuestra parte? Así que les damos el poder a ciertas personas para que "nos lleven al cielo", casi con seguridad también les estamos dando el poder a esas mismas personas para que "nos lleven al infierno".

Identifica el tipo de persona, el tipo de palabras o hechos, y el momento interno personal, para aprender a filtrar las experiencias a nuestro favor y convertirlas en momentos de aprendizaje y mejoramiento.

Vigésima idea útil: **"Aprenda a filtrar las influencias negativas"**

Más ideas útiles para estar mejor

Descubra las reglas del dinero

Más ideas útiles para estar mejor
---

22. Descubra las reglas del dinero

En este mundo de información, de técnica,
el pobre está marginado del circuito económico.
Gustavo Gutiérrez Merino (1928-?)
Filósofo y teólogo peruano.

Hace tiempo que me pregunto
por qué extraño motivo no se incluye
un módulo de marketing
de servicios profesionales
en todas estas carreras...
profesor de Pilates, arquitecto,
diseñador gráfico,
coach, fontanero, gestor,...
Al fin y al cabo tan importante
es el conocimiento técnico
para ejercer una profesión,
como el conocimiento
para la gestión de negocios
(entendiendo todos los
procesos comerciales
como una de las funciones del gestor).
Vicens Castellanos
(Coach y especialista en educación financiera).

En el primer libro decíamos que no era un escrito que hablaría de los secretos para ganar más dinero sino para sentirnos mejor. Y lo decíamos porque nuestra situación económica tiene mucho que ver en nuestros estados de ánimo. Nos parece irresponsable decir que si te sientes mejor, podrás ganar más dinero y la prosperidad llegará a tu vida, pero las evidencias demuestran que las personas que se sienten bien consigo mismo y han desarrollado una actitud de mejoramiento constante de sus habilidades personales y profesionales tienen una mayor probabilidad de conseguir los recursos económicos necesarios para sentir que tienen una vida próspera.

He visto útil en los libros sobre el tema de atraer la prosperidad y la riqueza a nuestra vida una idea central: para cambiar nuestra situación económica, de una con apuros a una más solvente, es necesario cambiar algo en nosotr@s. Y ese algo generalmente tiene que ver con la forma en que nos vemos a nosotr@s mism@s. O nos vemos como personas que somos capaces y nos merecemos un mejor nivel de vida o nos vemos como personas que nos resignamos a que las cosas son como son y somos pobres porque nacimos pobres y ese es nuestro destino.

Este cambio de visión hacia nosotr@s mism@s no se produce de la noche a la mañana y no es suficiente con la fuerza de voluntad. Es necesario aprender cómo funciona el mundo financiero, como lo hacen las personas que saben hacer dinero y casi con seguridad involucrar a nuestra familia en esa nueva forma de pensar. De nosotr@s depende que nuestros hijos e hijas hereden esa manera de pensar en términos de subsistencia o que aprendan a pensar en términos de prosperidad y de riqueza. O como dicen los especialistas, pasar de ser un empleado (persona que trabaja para otros y sus ingresos dependen de su trabajo) a ser un inversionista (personas que han logrado que su dinero trabaje para ellos).

Sé que para muchas personas mencionar la palabra "financiera" les produce malestar y rechazo porque piensan que es un asunto complejo, propio de los inversionistas, grandes empresarios y economistas, pero posiblemente ese sea uno de los primeros cambios que debemos hacer: darnos cuenta que también es un asunto nuestro, que es un asunto de todos y que dejarlo en manos de esos "especialistas" nos coloca en una posición vulnerable, sin capacidad para tomar decisiones con respecto a nuestra economía personal. No seria extraño que esa aparente complejidad del mundo financiero sea utilizada como un "coco" por los "especialistas" para que esa información llegue al mínimo de personas. Ya existen recursos para educarnos en la materia sin que tengamos que ser personas estudiadas y de forma muy elemental y asequible entender como funciona el mundo del dinero.

Cuando tenemos mentalidad de subsistencia o de pobres (que al empezar a estudiar el tema te das cuenta que lo que tienes es una mentalidad pobre), no sabemos ni ahorrar ni invertir. Al vivir de manera precaria, cualquier dinero extra que nos llega se nos termina yendo en gastos, mucho más rápido de como nos llegó. En los modelos de subsistencia confundimos la prosperidad financiera con el tener, nos dejamos deslumbrar fácilmente por las apariencias e intentamos vivir de ello. [47]

Tener prosperidad en nuestra vida puede significar muchas cosas, pero de manera general, debería significar que tenemos una relación constructiva y duradera con el dinero y los recursos financieros de tal forma que éste, el dinero, no sea una constante preocupación que determine de manera tan radical nuestro bienestar. Kiyosaki mencionando a su padre rico decía

---

[47] Crecí con un estribillo que decía que la única manera en que los pobres podríamos tener cosas era vivir endeudado. Pero justamente por vivir endeudados es que nos mantenemos pobres.

que "nunca se puede tener libertad verdadera si no se tiene libertad financiera".[48]

Robert Kiyoski[49], una de los especialistas que en los últimos 20 años ha revolucionado el mundo financiero proponiendo que cualquier persona puede adquirir los conocimientos necesarios para convertirse en un inversionista dice que la definición de riqueza es "el número de días que uno puede sobrevivir sin trabajar físicamente (o sin que alguien más del grupo familiar trabaje físicamente), pudiendo mantener el estándar de vida. Por ejemplo: si sus gastos mensuales son de 1000 dólares y usted tiene 3000 dólares ahorrados, su riqueza alcanza para 3 meses o 90 días. La riqueza se mide en tiempo, no en dólares. […] En última instancia, lo que importa no es cuánto dinero uno gana sino cuánto conserva y por cuánto tiempo ese dinero trabaja para uno. Todos los días conozco personas que ganan mucho dinero, pero todo ese dinero se va por la columna de los gastos".[50]

Un ejemplo muy claro son las personas que viven en chabolas (tugurios, favelas) pero tienen un televisor de 40 pulgadas o gastan importantes cantidades de dinero en estar a la ultima moda en ropa y tecnología. Y las personas libres financieramente(no los ricos) no se matan trabajando para tener

---

[48] Kiyosaki, Robert y Lechter, Sharon. El cuadrante del flujo del dinero. Guía del padre Rido hacia la libertad financiera. Time & Money Networks Editions. 1998, Pág. 38
[49] Kiyosaki se hizo mundialmente conocido por su libro "Padre Rico, Padre Pobre" donde muestra cómo a través de las enseñanzas de su padre biológico a prendió a pensar como "pobre" y a través del padre de su amigo, considerado como putativo, conoció las reglas del dinero y cómo invertir.
[50] Ibid, Pág. V.

Más ideas útiles para estar mejor

un televisor para quedar otra vez en ceros o con una deuda de un par de años, las cosas y comodidades de las que disfrutan son consecuencia de los dividendos del rendimiento de su dinero, no de su trabajo. Las personas que han crecido en economías de subsistencia se dejan deslumbrar por las vitrinas y los escaparates pensando "cuanto tendrán que trabajar para conseguirlo" o sintiéndose frustrados por no podérselo permitir "ni en sueños". Las personas que tienen su dinero trabajando para ellos, en general tienen más probabilidad de que sean "las cosas las que los busquen que ellos" Es muy factible que una determinada marca de ropa busque al rico, famoso o libre financieramente porque si este la usa será una señal de su prestigio y su calidad. Aunque suene un poco ingenuo, podría pensarse que el cambio de visión en este sentido seria pensar "qué tendría que hacer esa marca de ropa para permitirse una persona como yo". Posiblemente en este momento se están riendo con una sonrisa mezcla de decepción y utopía.

Formarse financieramente tampoco es suficiente. Si lo fuera, la mayoría de agentes de bolsa serían ricos, pero muchos de ellos son sólo asalariados que ejecutan las ordenes de los talentosos inversionistas que pueden estar a miles de kilómetros de distancia tomando decisiones de millones de euros que a su vez afectan a millones de personas, cuando no a la economía mundial.

Una discusión al respecto de la educación financiera y el hacernos ricos económicamente tiene que ver con el "cómo", con los valores. Es bien sabido que muchos "especialistas" y "talentosos" inversionistas se mueven en líneas muy débiles de la ética, no sólo de los negocios sino también de la ética humana en general. Sabemos que mucha de sus decisiones de vender y comprar empresas y acciones son carentes de sensibilidad humana y en la mayoría de las ocasiones buscan sólo el beneficio personal que el bien común. Para decirlo de otra manera, a determinados inversionistas poco les importa que una de las decisiones que toma mientras bebe tranquilamente el café de la mañana, lleve al cierre de una compañía y miles de personas se queden sin su puesto de trabajo.

¿Es posible volverse rico o tener mayor solvencia financiera sin violentar los criterios éticos más básicos?

Si, porque la ética no depende de cuanto dinero tengas, sino de que tipo de personas seas. Es importante preguntárselo, porque el hacer dinero en muchos momentos nos puede poner al borde del abismo y tener que tomar decisiones muy difíciles entre enriquecerse más o hacer el bien común, pero hay que desmontar la idea que para ser rico, hay que ir en contra de los mejores valores.

Es una de esas preguntas que automáticamente dividen las respuestas en varias direcciones. Por un lado los que han hecho sus fortunas a pulso, paso a paso, con gran esfuerzo y procurando ser lo más honestos posible, responderán afirmativamente, los que han sufrido en sus carnes las consecuencias de decisiones tomadas por los accionistas, responderán negativamente, los que han heredado su fortuna pero no han dado "un palo al agua", dirán que da igual ya que lo que ellos tienen que defender son sus intereses o disfrutar de su estatus quitando todo lo que pueda amenazar ese estilo de vida. Otros pequeños y grandes inversionistas sencillamente no se preguntan tal cosa, ellos están en el juego del dinero y es un juego donde quieren ganar sea como sea. Algun@s ni se enterarán del daño que pueden haber causado. Hay ciertos grandes inversores que sólo se enteran de los resultados que provocan sus ejecutivos, pero ellos ni siquiera participan en las decisiones inmediatas.

Es una pregunta que tarde o temprano debemos hacernos si queremos ser libres financieramente o ya lo estamos siendo.

Por otro lado, los especialistas en educación y en libertad financiera sugieren que esa idea de que sólo podemos alcanzar estados de prosperidad económica a través de trabajar duro y sin descanso durante decenas de años, ya no es tan "cierta" como se pudo creer hasta hace algún tiempo. Ser libre financieramente es más bien un asunto de conocer las reglas del juego del dinero, de cómo mantenerlo y de cómo invertirlo. Y esto se puede conseguir más o menos rápido, dependiendo del talento, un poco de suerte, capacidad de moverse ágilmente entre las diversas oportunidades de los mercados y un cambio de mentalidad.

Por supuesto no queremos sugerir que no sea necesario ningún esfuerzo, pero esas hazañas empresariales épicas donde los éxitos eran disfrutados más por los herederos de los emporios que por sus mismos fundadores, parece ser un asunto del pasado. Hoy en día nos sorprenden cómo personas muy jóvenes son capaces de invertir inteligentemente y acceder a su libertad financiera en edades muy tempranas comparados con generaciones anteriores.

Más allá de especulaciones filosóficas, planteo como una idea útil el que nos eduquemos financieramente. Es importante dejar el complejo de pobres y dejar de hacerle el juego a la sociedad de consumo.

El complejo de pobres consiste en sentir vergüenza de tener la situación financiera que tengamos y eso nos lleve a vivir de apariencias o incluso a sólo *intentar* vivir de apariencias. Si en vez de comprarme un vestido maravilloso que acabará con el poco dinero ahorrado, aprendo las reglas del dinero y hago una pequeña inversión, ¿no me permitirá eso en el futuro comprarme los vestidos que quiera? Y lo mejor: el dinero para comprarlo saldrá de mis beneficios económicos, así que no se verá afectado mi estado financiero porque no tengo que endeudarme para comprarlos.

Hay personas que no tienen margen de ahorro y sin embargo se emborrachan los fines de semana para "ahogar las penas". ¿Cuántas cervezas se toma? ¿Y si por un tiempo ahorra lo que se bebe y lo dispone para hacer una pequeña inversión?

Por otro lado, la sociedad de consumo nos presiona para cumplir con determinados modelos sociales que son aceptados. Comprar cierto estilo de ropa, tener aparatos tecnológicos, darse cierto estilo de vida, tener cierta figura física, son sólo algunas de las presiones que debemos enfrentar ante la sociedad de consumo. Como la mayoría de las personas sucumben a ella, terminan gastando más de lo que ganan y endeudándose cada vez más para mantenerse en un supuesto nivel de vida que no es más que apariencia.

Si preguntamos sobre las consideraciones éticas y los valores que deberíamos manejar siendo ricos, creo que es importante

Más ideas útiles para estar mejor

cuestionar los valores y la ética que utilizamos para mantenernos pobres o con una mentalidad pobre.

Recuerde: Su situación financiera no es la consecuencia de las decisiones de otros, es el resultado de cómo ha sido educado, de cómo usted ha aprendido a pensar acerca del dinero, de sus posibilidades y sus cualidades personales.

Décimo segunda idea útil: *"Descubra las reglas del dinero".*

Más ideas útiles para estar mejor

Más ideas útiles para estar mejor

Aprenda a vivir lo básico

Más ideas útiles para estar mejor

23. Aprenda a vivir lo básico

23.1. Aprenda a respirar

> La respiración le hará saber
> cuando esta desviado,
> desequilibrado, descentrado.
> También puede ayudarlo
> a retornar al curso normal,
> de vuelta a la calma,
> de vuelta al equilibrio,
> si Ud. aprende a manejarla.
>
> Horacio Krell

A primera vista esta idea más que útil parece tonta.

Los que pueden leer esto y en general todos los seres humanos vivos, sabemos respirar.

Pero no nos equivoquemos: saber que respiramos no significa saber respirar.

Existen muchas tendencias de meditación orientales y algunas occidentales que muestran los beneficios de una adecuada respiración. También existen ya múltiples estudios que respaldan la idea de que una buena respiración nos reportará grandes beneficios físicos y psicológicos.

Ramiro Calle, especialista en técnicas de respiración, yoga y espiritualidad dice: *"Según los antiguos sabios de Oriente, lo primero que un ser humano ha de aprender es a reír y a respirar. A veces parece que hemos olvidado reír y, desde luego, es un* hecho que no sabemos respirar. [...] Cada estado mental o anímico determina una forma de respirar: No se respira igual estando tranquilo que estando agitado, distraído que tenso, furioso que sosegado, con miedo que confiado. Y al revés, del mismo modo que cierto estado psicológico hace que respiremos de una forma determinada, el respirar conscientemente y utilizando técnicas adecuadas, nos permitirá actuar sobre nuestro estado mental o anímico, modificándolo."[51]

Recuerdo que cuando estaba en la escuela, todos los profesores de educación física o de gimnasia nos enseñaban a respirar con el pecho (tórax), mientras que los especialistas recomiendan que respiremos con todo el tronco pero principalmente desde el abdomen.

La idea de la respiración torácica esta sustentada en la idea de que sólo los pulmones pueden procesar el oxígeno, pero esta aparente realidad mecánica es refutada por los estudios que muestran los beneficios de llenar de forma armónica y profunda todas nuestras cavidades internas. No es sólo que nos ayude a relajarnos en un momento dado, o a meditar cuando nos disponemos a ello, si no que tiene una importante repercusión en nuestra salud en general.

La idea útil sería recomendar que asista a algún taller donde le enseñen a respirar, pero como no tod@s se disponen a asistir a este tipo de eventos y a algun@s de ustedes la idea les puede parecer ridícula, creemos que una mejor recomendación es que lo ensayen a solas, principalmente en momentos de más tensión,

---

[51] Calle, Ramiro. Otra vez lunes: Técnicas para superar el estrés laboral. Ediciones Turpial, 2008. Pág. 77.

aunque si se quiere convertir en un(a) "expert@", lo mejor es aprenderlo deliberadamente en momentos especialmente dedicados a ello.

Una de las cosas que descubrirá es que si lo hace por el tiempo necesario y una vez que el cuerpo recupera la respiración abdominal, se convertirá en su respiración automática.

Ha leído bien: hablamos de recuperar y no de aprender desde cero. Una de las evidencias más bonitas de esta forma de respiración, que mencionan casi todos los expertos en respiración es el hecho de que cuando éramos bebes nuestra respiración natural era abdominal, o mejor dicho, torácica y abdominal, o sea con el tronco.

Otra evidencia especial a favor de un tipo de respiración más completa es el suspiro. Me lo ha recordado hace poco, mi amiga y psicóloga Marta Giménez, que el suspiro es una reacción espontánea, que hace las veces de refresh o de actualizar de las paginas de Internet. Es una manera de recontacto del cuerpo consigo mismo y aunque podemos suspirar por muchos motivos, en general este movimiento nos dispone a una nueva sensación o a capturar un momento especial. Piense en el suspiro, hágalo en este instante, es fácil sentir su beneficio. Si lo ha hecho, se habrá dado cuenta que el suspiro es una respiración profunda que va más allá de los pulmones y nos puede renovar el momento.

Cuando se sienta especialmente tenso, cuando crea que una situación ha llegado a su límite, cuando se sienta deprimido, cuando sienta que sus fuerzas se han agotado...respire...respire profundo... con todo el cuerpo...llénese de oxígeno, imprégnese de ese elemento que nos permite estar vivos. Pero recuerde, no estamos vivos porque respiramos oxígeno, estamos vivos porque tenemos un sistema, nosotros mismos, que nos permite hacer un intercambio constante entre ingresar oxígeno y expulsar CO_2, lo uno sin lo otro no nos permitiría seguir existiendo.

23.2 Aprenda a dormir

> La felicidad para mi consiste en gozar de buena salud, en dormir sin miedo y despertarme sin angustia.
> Françoise Sagan (1935-2004)
> Escritora francesa.

Junto con el "aprenda a respirar", el aprender a dormir, puede resultar una recomendación demasiado elemental para algunas personas.

Hay que hacer una pregunta a quienes piensen esto:

¿Qué tanto de su estrés, de su irritabilidad o de sus problemas de concentración, rendimiento o de temperamento se debe al hecho de que no duerme bien?

Ahora la recomendación no parece tan absurda.

El asunto es sencillo de entender, pero difícil a la hora de hacer los ajustes necesarios para dormir mejor. Es sencillo porque el dormir mejor lo podríamos resumir en las características de calidad y cantidad, aunque el asunto puede ser muy personal y cada cual puede encontrar su ritmo adecuado.

Calidad: ¿es un dormir relajado, reparador, que hace que se levante tranquilo y con energía?

Cantidad: ¿el tiempo que duerme le permite realmente descansar?

Las personas que sufren trastornos del sueño, saben bastante de esto. Ver como pasan las horas y el sueño no llega, y así casi todos los días, se convierte en un problema realmente complicado.

En algunos momentos, nuestros objetivos personales hacen que sacrifiquemos parte de la cantidad de sueño que necesitamos para recuperarnos. Como un asunto temporal, tiene sentido en la medida en que demuestra el compromiso que tenemos con nuestros objetivos: el nacimiento de un(a) hij@, la presentación de un proyecto o un informe, unas vacaciones especiales o locas, etc. Si se convierten en habituales, este tipo de situaciones excepcionales pueden ser problemáticas con la consecuencia de un déficit permanente de sueño.

En ocasiones son otras conductas, como la adicción a la televisión, que nos llevan a ver programas sin sentido hasta largas horas de la noche, sintiéndonos culpables por utilizar el tiempo de forma improductiva; tiempo que podríamos utilizar para dormir más.

Está claro que no se trata sólo de dormir más, sino de dormir mejor y está claro que no se trata sólo de dormir, sino también de descansar. Hay personas que tienen hábitos alimenticios que no contribuyen a tener un sueño tranquilo y reparador. Discutir en pareja justo antes de irse a la cama, llevarse el trabajo a casa o determinadas sustancias de efectos psicoactivos, tampoco son los mejores aliados del descanso.

Así que inevitablemente, recomendar aprender a dormir esta ligado con el aprender a vivir, que posiblemente no sea otra cosa que hacer, pensar o sentir cosas que faciliten el "mejorestar".[52]

Una de las escenas más dramáticas que veo frecuentemente, es la sensación de derrota y cansancio cuando voy en el metro. Una mirada, incluso poco exhaustiva, muestra un panorama de personas con déficit de sueño, con caras de agotamiento. Supongamos que eres profesor y no duermes bien, qué pueden esperar esos niños y niñas durante el día, casi con seguridad una persona "quemada", que tiene la paciencia en mínimos para una actividad que requiere de mucha. No digamos ya, si la persona tiene responsabilidades mucho más peligrosas como ser conductor, piloto, cirujano o albañil.

Según Édith Perreaut-Pierre, en su libro Sofrología y el éxito deportivo, *"un sueño de buena calidad condiciona la calidad de la vigilia activa y proporciona las condiciones más adecuadas para asumir las tareas del día con eficacia y dinamismo"*.[53]

---

[52] Aprender a vivir para el "mejorestar" es una manera resumida de describir la intención de estas ideas útiles.
[53] Perreaut-Pierre, Édith. Sofrología y Éxito deportivo. Editorial Paidotribo. 2000. Pág. 61.

O de igual forma como señala Taisen Deshimaru: "... no se aprende a dormir tratando de dormir; no se aprende a poner atención esforzándose en ello. Antes se aprende a poner en sí mismo la tranquilidad y la paz, lo que permitirá al sueño establecerse naturalmente, y que, de la misma manera permitirá que la armonía cerebral ponga atención. Sueño y vigilancia pasan por el mismo aprendizaje de lograr la calma, cuyo control regulará el nivel para elegir entre vigilancia y sueño. ¿Cómo llegar a esta calma? El que no puede dormir es presa de un psiquismo nervioso. Salgamos de la presencia de todo esto y estemos presentes en nuestro cuerpo, recobremos el contacto con el mundo y nuestro cuerpo a través de nuestros sentidos. Dejémonos invadir por lo sensible y todo lo que nos pone nerviosos desaparecerá. Así conseguiremos armonía"[54] ...y podremos dormir bien (añadiría yo).

De manera que puesto de esta forma el tema del dormir no parece un tema menor y recomendar el que aprendamos a hacerlo mejor, parece una idea bastante útil

Es posible que el ajuste que necesite en su vida para estar mejor sea sólo mejorar su calidad y cantidad en el dormir.

---

[54] Deshimaru, Taisen. Zen y Cerebro. Kairós, 1993. Pág. 127

23.3 Aprenda a comer

*Lo que distingue
al hombre inteligente de los animales
es el modo de comer.*
Anthelme Brillat-Savarín
(1755-1826) Gastrónomo y escritor francés.

Como con los otros aprendizajes básicos, el hecho de que por obligación tengamos que comer, no significa que lo hagamos bien. Tanto respirar, dormir, como comer bien son fundamentales para que nuestra salud se mantenga en unos niveles óptimos.

Como somos un sistema que está interactuando permanentemente entre sus partes, cualquier modificación en una de ellas va a afectar a las demás.

Comer mal o a deshoras, puede afectar la manera como dormimos. Una persona que no duerme bien, casi con seguridad alterará sus hábitos de comida. Y de igual forma, el que no sepamos respirar hace que los procesos de asimilación y procesamiento de los nutrientes, como la posibilidad de tener un sueño reparador, se va a ver afectada.

En Francia, un país desarrollado, se conoce popularmente la expresión de Brillant-Savarin que dice "dime qué comes y te diré cómo eres". Y es que existen grandes abismos culturales y de formación entre las personas que comen bien y los que comen mal.

En los países en vías de desarrollo habitualmente las dietas son muy desbalanceadas, dándole prioridad a alimentos como los almidones y los carbohidratos (arroz, maíz, yuca, patatas o papas) porque son baratos y de fácil consecución, pero los estudios en general dicen que son dietas poco variadas y la gama de nutrientes no están al alcance de todos. Por otra parte también es un asunto de formación porque a pesar de que los nutricionistas han sugerido dietas más balanceadas, muchas personas no están dispuestas a hacer cambios en sus hábitos alimenticios.

La llamada dieta mediterránea en Europa ha sido reconocida internacionalmente por su aporte balanceado de nutrientes, pero también se viene denunciando en los países de esta zona, que cada vez es menos frecuente su uso y que viene ganando terreno la comida rápida.

No vamos a hacer una crítica a la comida rápida, porque incluso ahora hay restaurantes de este tipo que intentan ofrecer productos nutritivos y porque es una realidad evidente de nuestros tiempos, el hecho de que las personas necesitan alternativas rápidas para seguir con sus agitadas vidas.

Pero para aquellas personas que se "tienen" que alimentar mal la mayoría de la semana, en restaurantes de comida rápida ya sea por ser baratos, por factores de tiempo o por ambos, esta idea es fundamental. Si éste es su caso sería útil que el resto de sus comidas fueran de mejor calidad, tanto el desayuno como la cena.

Como dice Spietzberg "...más que nutrientes estamos 'tragando' estrés. Por desgracia, este fenómeno que comenzó con los *restaurantes de comida rápida, que incluso están diseñados para que permanezcamos en la mesa lo mínimo (¿quién aguanta esos colores chillones más de media hora?), es cada vez más frecuente y está muy extendido. Pero el hecho es que comer en esas condiciones (con prisa, rodeados de ruido, sin saborear ni masticar) añade más estrés a nuestras vidas. En nuestras manos está recuperar el antiguo placer de sentarse a la mesa para reponer fuerzas, disfrutar de los olores y sabores, y desconectar de la rutina".*[55]

Los especialistas en nutrición también tienen un estribillo muy importante y es que más que comer, lo que nosotr@s necesitamos hacer es alimentarnos o nutrirnos. De nuevo el tema de la calidad.

Pero no es sólo la calidad de lo que comemos sino también la cantidad. Por razones culturales algunas personas comen unas cantidades exageradas de comida que el cuerpo no termina procesándola adecuadamente.

La alimentación está unida también a los modelos de belleza que a através de los tiempos nos hemos impuesto. Hemos pasado de una época donde las personas regordetas (hombres y mujeres) eran sinónimo de bien alimentados a una época (principalmente en lo años noventa del siglo 20 hasta la actualidad) donde la delgadez (incluso extrema) ha sido promulgada como el modelo de belleza a seguir.

---

[55] Spietzberg, Svetlana. Secretos de Longevidad y Rejuvenecimiento. Editorial Sirio. 2007. Pág.152.

No perdemos unas líneas diciendo que una de las problemáticas psicosomáticas que más han avanzado en los últimos tiempos son los trastornos de la alimentación como la obesidad, por un lado y la anorexia por el otro, pasando por otras modalidades como la bulimia y el "vomiting".

Así que comer bien, o mejor, alimentarnos bien, es un aprendizaje básico que a diferencia del respirar, no viene al parecer incorporado a nuestras reacciones naturales. Traemos la necesidad de ingerir, a todos nos da hambre, pero proporcionarle los nutrientes necesarios a nuestro cuerpo es una tarea consciente para la cual tenemos mucha información hoy en día.

Cada persona es diferente y por tanto necesitaría una dieta particular porque muchos alimentos que a mí me caen bien a otras personas pueden caerles pesados. Así que, cuando en la primera idea de este libro hablábamos de conocernos a nosotr@s mism@s, también implica que hagamos un estudio para identificar aquellas comidas que no nos sientan bien y hacer los cambios que sean necesarios.

Tenemos dichos populares ratificados por los especialistas, que muestran como el tema de comer bien, lo conocemos hace mucho tiempo. Me acuerdo en este momento de aquel proverbio popular que dice: "se debe desayunar como un rey, almorzar (en España se le llama comer) como un príncipe y cenar como un mendigo", para señalar que el desayuno es la comida más importante del día, comer suficiente al mediodía y muy ligero en la noche, justamente para que nuestro dormir sea relajante.

Un detalle muy simple pero pasado por alto cada vez más en estos momentos de carreras y estrés, es una recomendación traída posiblemente de las civilizaciones orientales sobre que debemos masticar más de 20 veces cada bocado porque el proceso digestivo no empieza en el estómago sino en la boca. [56]

La televisión le ha ganado la partida a esos momentos de reunión familiar en torno a la comida y cuando logramos reunirnos, ésta reunión se convierte en un momento estresante donde intentamos resolver los problemas familiares que no atendemos en otros momentos, porque cada cual está entregado a sus ocupaciones. Esto quiere decir que el momento de comer, ha pasado de ser un asunto de vital importancia a un simple trámite que tenemos que cumplir porque el cuerpo nos lo pide, pero al que le damos la menor importancia y el menor tiempo posible.

Así que una idea útil será que revisemos nuestros hábitos de alimentación, calidad, cantidad, momento en que lo hacemos y disposición con la que nos alimentamos.

Recuerde: Respirar, comer y dormir mejor son aprendizajes básicos para estar mejor.

Vigésima tercera útil: *"Aprenda a vivir lo básico"*

---

[56] Incluso algun@s autores dicen que este proceso empieza en la mente, en la cabeza y debe estar acompañado por una adecuada respiración y por ello recomiendan que todo el ser esté concentrado en el acto de comer para que asimilemos mejor los alimentos. Por ello recomiendan que el momento debería ser un momento solemne y en silencio, concentrados en el disfrute y en la asimilación de lo que nos metemos por la boca.

Recomendaciones finales

"Ordinariamente, se persuade uno mejor
con las razones que halla por si mismo
que con las que provienen de otros espíritus"
(Pascal, pensamiento # 20).

Seguramente al llegar al final del libro puedo reafirmar lo que había insinuado en la presentación y es que estas ideas útiles ya las conocía, ya se las habían recomendado, ya las había leído o escuchado.

Una de las experiencias más curiosas que me he encontrado es la de personas que dicen haber escuchado cosas que les han ayudado a cambiar su vida, pero curiosamente eran enseñanzas que ya habían conocido anteriormente. Es como si las primeras veces no hubieran encontrado el canal adecuado que sintonizara con sus necesidades y de repente una conferencia, una frase escrita en una cartelera, incluso un slogan de una campaña publicitaria o un mensaje de correo electrónico hiciera el milagro. Es más, algunas ideas que hemos adoptado en un momento determinado de nuestra vida pueden cobran un nuevo sentido, más profundo y trascendente en otra circunstancia.

En muchas ocasiones se suma a esto el efecto, ya descrito por los antiguos filósofos, según el cual es más probable que se produzca un cambio cuando una idea la hago mía y pareciera que es una conclusión propia y con un nuevo sentido. Así que hay quienes escuchan estas ideas y pueden decir algo como: "si, muy interesantes, pero son muy elementales" y unos días más tarde ante ciertas experiencias concluir que no hay nada tan importante como, por ejemplo, respirar bien.

El hecho de que las ideas que hemos expuesto sean conocidas y ya planteadas en múltiples medios, les imprime un doble valor:

- Son la ratificación de que son ideas importantes y útiles
- Están al alcance de una gran mayoría de personas y no sólo de seres de cualidades especiales.

Nuestra experiencia se ha alimentado de cientos de casos de personas que con sólo una idea de éstas o del libro anterior han hecho cambios muy importantes en su vida.

Sentir que nuestro "mejorestar" está en nuestras manos puede significar una gran responsabilidad, pero verlo de esta forma nos permite sentir que, estemos en la encrucijada en la que estemos, siempre podremos estar mejor.

¿Tendrá sentido para una persona alcohólica que vive en la calle decirle que aprenda a respirar? Viéndolo desde nuestra cómoda posición externa, parece que no, pero la respuesta más sensata es que no lo sabemos.

A lo mejor pueda tener más sentido el que haga un plan de pequeños pasos, pero no sabemos exactamente que es lo que cada persona considera importante y con qué tipo de pensamientos se alimentará para poder soportar su existencia y a pesar de su situación adversa tener un mínimo de fuerzas para seguir viviendo.

Más ideas útiles para estar mejor

Cada persona tiene sus circunstancias, su historia, su ambiente relacional y su etapa evolutiva interna y todos estos elementos actúan como filtros ante las ideas que nos llegan y nos ofrecen la posibilidad de una vida mejor.

Si no ha encontrado ninguna idea útil en este libro pero por contraposición usted confirma y refuerza algunas ideas útiles que incluso, puedan ir en contravía de las mías, no me sentiré defraudado, por el contrario, reafirmaré la primera de todas las ideas útiles que he expuesto desde el primer libro y es que no existen ideas verdaderas sino ideas útiles. No lo digo como un truco psicológico que me aplico a mi mismo para manejar la frustración, lo digo porque estoy convencido que el cambio es posible y está al alcance de casi todos, independientemente de por cuál vía se alimente y se estimule ese cambio. Algunas veces lo lograremos sol@s y otras debemos ser humildes y apoyarnos en los demás.

Como hemos dicho, los seres humanos somos extraordinarios y capaces de grandes cosas, pero para las personas que han perdido de vista ese poder y que ni siquiera se han planteado que tal poder exista, o que no sepan por donde empezar para reconectarse con él o recuperarlo, las "ideas útiles para estar mejor" pueden ser uno de los caminos.

Una cosa son las ideas y otra muy diferente el saber cómo vivirlas o aplicarlas, aunque para algun@s con sólo saberlo es suficiente para empezar a practicarlas.

Para aquell@s que necesitan un empujón adicional estamos preparando las "ideas útiles en acción: cómo llevarlas a la práctica" con una serie de recomendaciones acerca de cómo se pueden desarrollar las ideas de estos libros.

Haga el siguiente experimento: trate de recordar, sin volver al libro, ¿cuál de las ideas útiles la ha llamado más la atención?

Ahora pregúntese: ¿Esta idea le ha llamado la atención porque refuerza una idea previa que ya tenía o es una nueva perspectiva que hasta el momento no había visto? Si la respuesta es sí a la primera pregunta o sí a las dos, descártela por ahora y busque una idea que considere realmente nueva.

¿Cree que podría ensayarla unos días hasta detectar si es para usted "verdaderamente" una idea útil?

¿Cree que podría ensayar una por semana, desde la que más le haya llamado la atención hasta la que menos?

Si logra esto, así sea parcialmente habrá realizado un pequeño programa de mejoramiento. Si además logra que estas ideas y los comportamientos consecuentes con ellas, se conviertan en habituales, en parte de su repertorio constante, casi en su forma de hacer las cosas consigo mism@ y el mundo que le rodea, más que la aplicación puntual de un programa de mejoramiento, su vida en general se habrá transformado de manera sencilla, con ideas sencillas, y con la sensación de que no pasa nada por no hacerlo y esperar otro momento.

En muchas ocasiones encontrar esa idea transformadora, se parece a la búsqueda de oro por el método del bateo. Hay que mover y mover la batea hasta que al fin logras encontrar una pequeña pepita de oro que nos va a permitir comer durante cierta temporada.

Confío que estos libros sean como ese lecho del río donde pueda encontrar su pequeño tesoro o por lo menos una vía que lo lleve a ese río.

Más ideas útiles para estar mejor

REFERENCIAS

Bevan, Rob y Tim Wright. Despierta toda tu creatividad: los secretos del genio creativo. Ediciones Newtilus. 2005. Pág. Xiii.

Calle, Ramiro. Otra vez lunes: Técnicas para superar el estrés laboral. Ediciones Turpial, 2008. Pág. 77.

Deshimaru, Taisen. Zen y Cerebro. Kairós, 1993. Pág. 127

Diccionario de la Real Academia de la Lengua. Versión On line en www.rae.es

García-Pimentel Ruiz, Francisco. La solidaridad. En: Monografías.com. Se desconoce su fecha de publicación.

Hay, Margaret. Felicidad es...pensamientos positivos para atraer el bienestar. Ediciones Robin Book, 2009. Pág. 84

Kiyosaki, Robert y Lechter, Sharon. El cuadrante del flujo del dinero. Guía del padre Rido hacia la libertad financiera. Time & Money Networks Editions. 1998, Pág. 38

Montoya, Miguel Ángel y Carmen Elena Sol. AUTOESTIMA. Estrategias para vivir mejor con técnicas de PNL y Desarrollo Humano. Editorial Pax México. 2001. Pág. 18.

Montoya Chica, Sergio. 11 ideas útiles para estar mejor. Creating links & Advanced Services – CLASE-SL, 2005

Montoya Chica, Sergio. JALIPU DE ALVUPI –Loa dioses y demonios del conocimiento- Edición particular. En: www.sergiomontoyachica.com

Montoya Chica, Sergio. Jalipu de Alvupi -ATACA DE NUEVO-. Creating links & Advanced Services – CLASE-SL, 2003

Montoya Chica, Sergio. Pescados y Pescadores. Los juegos psicológicos que nos amargan la vida. Creating links & Advanced Services – CLASE-SL, 2010

Perreaut-Pierre, Édith. Sofrología y Éxito deportivo. Editorial Paidotribo. 2000. Pág. 61.

Solomon, Robert C. Ética emocional: Una teoría de los sentimientos. Paidós, 2007. Pág. 173

Spietzberg, Svetlana. Secretos de Longevidad y Rejuvenecimiento. Editorial Sirio. 2007. Pág.152.

Watzlawick, Paul y otros. Teoría de la Comunicación Humana. Herder. 1981.

Wilber, Ken. Espiritualidad integral: El nuevo papel de la religión en el mundo actual. Kairós, 2007. Pág. 218

www.wikipedia.org

Otras obras del autor

JALIPU DE ALVUPI (Los dioses y demonios del conocimiento)
La Cultura de los Engañados
Jalipu de Alvupi –ATACA DENUEVO-
¡Te ordeno ser libre!
11 ideas útiles para estar mejor
¿Algo se podrá hacer, no?
La Espada del Augurio

Todas estas obras puede conseguirlas en la página web

www.sergiomontoyachica.com

www.ingramcontent.com/pod-product-compliance
Lightning Source LLC
Chambersburg PA
CBHW071511040426
42444CB00008B/1599